THREAD

만드는 사람

CEO 이연대
특징
메타세쿼이아 나무지만
출근 시엔 씨앗으로 몸을 숨김

Director 신아람
특징
위급할 때 직각표기에서 빛이 남

Senior Editor 이현구
특징
집과 헬스장과 회사를 잇는
땅굴 보유 중

Editor 이다혜
특징
어메!라고 외치면
반경 1km까지 들림

Editor 김혜림
특징
고민할 때 수염을 쓰다듬지만
수염이 없음

Editor 정원진
특징
수년 전 귀로 날 수 있는 방법을
터득했지만 비밀을 숨기고 있다

Lead Designer 김지연
특징
백화점 화장실을 좋아함
_표지 디자인 및 만화

Designer 권순문
특징
술을 마시면 끝까지 가는 타입
(주량: 와인 한잔)_내지 디자인

Operating Mgr 조영난
특징
늘 먹고 있지만 늘 배고파함

Community Mgr 홍성주
특징
가시로 오해 받지만 사실은 털

Intern 이주연
특징
절벽 위보다 빌딩 옥상을 좋아한다

《스레드》는 북저널리즘 팀이
만드는 종이 뉴스 잡지입니다.
이달에 꼭 알아야 할 비즈니스,
라이프스타일, 글로벌 이슈의
맥락을 해설합니다.

스레드에 수록된 글과 그림을
이용하려면 반드시 저작권자와
㈜스리체어스의 동의를 받아야
합니다.

THREAD ISSUE 5. SPACE

발행일 2022년 10월 1일
등록번호 서울중, 라00778
발행처 ㈜스리체어스
주소 서울시 중구 한강대로 416 13층
홈페이지 www.bookjournalism.com
전화 02 396 6266
이메일 thread@bookjournalism.com

THREAD

목차

단풍이 드는 계절, 10월입니다. 《스레드》를 찾아주신 여러분
환영합니다. 이번 호에는 어떤 이야기들이 우리를 기다리고 있을까요?

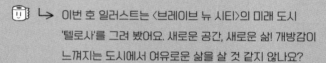

이번 호 일러스트는 〈브레이브 뉴 시티〉의 미래 도시
'텔로사'를 그려 봤어요. 새로운 공간, 새로운 삶! 개방감이
느껴지는 도시에서 여유로운 삶을 살 것 같지 않나요?

1800년대를 살았던 프랑스 미식가 장 앙텔름 브리야 사바랭은
"그대가 무엇을 먹는지 말하라. 그러면 나는 그대가 누군지 말해
주겠다"라는 말을 남겼습니다. 그런데 먹는 것 말고도 우리를 규정하는
것이 또 있습니다. 바로 우리가 존재하는 공간이에요. 내가 영위하는
공간은 나의 취향을 드러내고, 계급을 규정짓기도 합니다. 여러분은
지금 어디 계신가요? 그 공간은 만족스러우신가요?

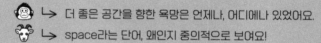

더 좋은 공간을 향한 욕망은 언제나, 어디에나 있었어요.

space라는 단어, 왜인지 중의적으로 보여요!

'포캐스트' 챕터에선 쇼트폼 일곱 편을 만날 수 있어요. 바쁜 독자들을
위해 이달에 꼭 알아야 할 이슈만 선별했어요. 단순한 사실 전달을
넘어 새로운 관점과 해석을 제시합니다. 쇼트폼엔 어떤 주제가

0   50   100   150   200

실렸을까요? 순서대로 소개해 드릴게요.

브레이브 뉴 시티 _ 22p

미국의 억만장자 마크 로어가 사막에 미래형 도시인 '텔로사'를 만들려 합니다! 도로에 모든 커브를 없애고, 물의 순환 구조를 혁신합니다. 2030년까지 다양한 인종·국적·성별·소득 수준을 가진 사람 5만 명을 수용한다고 합니다. 여러분은 텔로사에 살아 보고 싶으신가요?

 ↳ 여러분이 생각하는 살기 좋은 도시는 어떤 모습인가요?
 ↳ 곡선이 없는 도시라니! 어떤 모습일지 궁금해요.

프로젝트 네임 아르테미스 _ 30p

미국 항공우주국의 국장은 2019년 인간 달 착륙 계획인 '아르테미스 프로그램'을 발표하며 이렇게 말했습니다. "우리는 간다." 많은 말이 필요치 않았죠. 이미 달을 밟았던 미국의 의지를 보여주기만 하면 되니까요. 그 아르테미스 계획의 첫 발사가 코앞으로 다가왔습니다. 인류는 왜 또 다시 달에 가려고 할까요? 원대한 달 탐사 계획의 이면을 살펴봅니다.

 ↳ 냉전 시대의 일인 것만 같았던 달 탐사 계획! 다시 반복되는 이유가 뭘까요?

스트리밍 시대의 영화관 _ 38p

마지막으로 영화관을 가본 게 언제인가요? 세계에서 두 번째로 큰 영화관 체인 시네월드가 파산 보호 신청을 했습니다. 경영난은 시네월드만의 얘기가 아닙니다. CGV를 비롯해 국내 영화관 또한 회생을 위해 각종 시도를 보여 주고 있습니다. 여러분에게 영화관이라는 공간은 어떤 의미인가요? 우리는 언제, 어떨 때 영화관을 찾았었나요?

> ↳ 영화 티켓 값이 금값! 미래의 영화관은 어떤 모습일지 궁금해요.

빅테크 수난 시대 _ 46p

벌금 5500억 원을 맞은 기업이 있습니다. 벌금의 주인공은 바로 인스타그램입니다. 대체 뭘 잘못했길래 5500억 원을 내야할까요? 이 벌금은 유럽연합의 악명 높은 법 'GDPR'에 근거한 건데요, 개인 정보 보호의 미래와도 같은 법이죠. 논란의 GDPR과 세계의 빅테크 규제, 그 이유와 속내를 꼼꼼히 들여다볼까요?

> ↳ 5500억 원이면 기업 하나를 세울 수도 있을 것 같아요…!

실험복을 걸친 인공지능 _ 56p

요즘 과학 실험은 인공지능이 하고 있어요. 인공지능의 알고리즘은 답을 향해 질주해요. 그래서 인공지능의 실험에 실패나 우연은 없죠. 점점 세상은 에러가 없고 빠르게 답을 찾는 걸 원하고 있어요. 인간도 인공지능처럼 생각하는 시대입니다. 그러나 세상을 바꾼 발명과 발견은 때론 우연과 실패에서 태어났다는 사실! 인공지능 시대에 우리가 정말로 두려워해야 할 건 무엇일까요?

> ↳ 에러를 없애는 시대, 실험과 실패의 의미도 많이 바뀌었어요.

언어의 줄다리기 _ 62p
심심한 사과가 뜨거운 감자가 됐다고요? 온라인에서 일어난 '심심한 사과' 논란은 어떻게 젊은 세대의 문해력 문제가 됐을까요. 잘 들여다보면 한자어를 즐겨 쓰는 세대와 그렇지 않은 세대의 갈등이 있답니다. 문서 세대와 디지털 세대 사이의 언어 줄다리기! 우리에게 필요한 건 논란이 아니라 대화입니다.

 ↳ 최근에는 '무료하다' 논란도 있었어요.

 ↳ 문해력 논란에는 단순한 '무지'의 차원보다 더 넓은 맥락이 있어요.

튀르키예즈 온 더 블록 _ 68p
"튀르키예 아이스크리-임~" 여러분은 튀르키예에 대해 얼마나 알고 계신가요? 지금 튀르키예는 국제 관계에서 가장 중요한 행위자로 부상하고 있는데요, 우크라이나 전쟁을 끝낼 와일드 카드가 될지도 모릅니다. 하지만 튀르키예 내부는 복잡합니다. 튀르키예의 통화 리라화는 폭락하고 물가 상승률은 80퍼센트나 되죠. 에르도안 대통령은 이 위기를 극복할 수 있을까요?

 ↳ 복잡한 국제 관계에서 튀르키예는 조커일까요, 다크나이트일까요?

이어지는 '톡스' 코너에서는 사물을 다르게 보고, 다르게 생각하고, 세상에 없던 것을 만들어 내는 사람들의 이야기를 담아요. 《스레드》 5호에서는 아크앤북 김명준 기획운영팀장을 만나봤어요.

대형서점과 독립책방 사이에서 _ 79p
취향으로 나를 소개하는 시대죠. 책이 가진 무한한 이야기를 취향과
엮는 브랜드를 만났습니다. 아크앤북은 눈에 보이지 않는 취향을 어떻게
읽어내는 걸까요. 대형서점과 독립책방, 그 사이 어딘가에 있는 아크앤북
이야기 들어 보실래요?

단편 소설 분량의 지식 콘텐츠 '롱리드' 코너도 있어요. 깊이 있는 정보
습득이 가능하고, 내러티브가 풍성해 읽는 재미가 있어요.

어느 새부터 힙합은 안 멋져 _ 93p
힙합을 바라보는 시선은 엇갈립니다. 인권 운동에 앞장서며 사회적
메시지의 선봉장이 될 것을 기대하는 사람들도 있고, 그저 자유롭고
신랄한 악동 혹은 독설가가 되는 것이야말로 진정한 힙합이라고 주장하는
사람들도 있죠. 분명 지켜야 할 것은 있지만, 힙합이 늘 정치적으로
반듯해야만 하는 것일까요? 어느 새부터 안 멋진 힙합을 어떻게 들어야
하는지, 음악평론가 켤레파 사네의 시선을 따라가 봅니다.

《스레드》 5호에서는 지금까지 소개해 드린 열 가지 이야기를 담았어요.
그럼 이제부터 《스레드》를 시작해 볼까요?

DAWN REDWOOD
PARK

이달의 이야기에선 한 가지 주제를 깊이 다뤄요.
단순한 사실 전달을 넘어 새로운 관점과 해석을 제시해요.
함께 읽고 생각을 나눠요.

공간이 당신이다

여러분, 지금 어디 계시죠? 지금 계신 공간, 만족스러우신가요? 사람은
공간을 필요로 하는 동물입니다. 좁은 내 방, 사무실 안 내 책상 한
칸으로는 부족하죠. 우리는 늘 나 자신을 정의할 공간을 원합니다.
그것이 삼각지에 위치한 멋스러운 팝업스토어가 되었든, 저 멀리
달나라가 되었든 말이죠. 여러분은 누구인가요? 아니, 여러분의 공간은
어디인가요? 《스레드》는 이번 달, 공간이 품고 있는 우리들의 자아
정체성에 관해 이야기합니다. __ 신아람 에디터

지난 2년여간 우리를 사로잡았던 단어가 있습니다. 바로 '가상'입니다.
기세등등한 감염병 재난 앞에서 우리는 현실의 만남을 포기하고
각자의 공간으로 숨어드는 방법을 택했습니다. 그러자 집 밖의 모든
공간이 가상으로 수렴했습니다. 일터는 가상 오피스로 대체되었고
마케팅의 공간은 메타버스를 향했습니다. 명절에는 가족들과 화상
통화로 만났고, 친구들과는 ZOOM을 켜놓고 각자의 식탁에서 술잔을
기울이기도 했습니다. BTS를 비롯한 세계적인 슈퍼스타들이 가상
공간에서 콘서트를 열거나, 온라인 중계를 통해 팬과 만나는 일도,
이제는 별다른 뉴스거리가 되지 못합니다. 일상이 되었다는 뜻이겠죠.
그러나 인간은 기본적으로 동물입니다. 가상의 공간만으로 만족할
수 있는 존재가 아니죠. 우리는 여전히 타인의 얼굴을 궁금해 하고
현관문 밖의 세상을 탐험하고자 하는 호기심으로 가득 차 있습니다.
바이러스와의 조심스러운 공존을 결정한 지금, 사람들은 가상의 세계로
가라앉아 버린 공간을 되찾고자 하는 열망을 숨김없이 드러내고
있습니다.

팬데믹 기간 동안 내 세계가
스마트폰 화면만큼 작아진 기분, 혹시 느껴봤어?

팝업스토어

인간이 지금 당장 무엇을 원하는지 재빠르게 눈치채는 분야가 바로
마케팅입니다. 사회를 읽으면 마케팅 전략이 나오고, 반대로 마케팅
전략을 들여다보면 우리 사회가 거울처럼 비춰 보입니다. 최근 중요한
마케팅 키워드 중 하나가 바로 '팝업스토어'입니다. 공간을 통한 브랜드
경험이야말로 지금 소비자를 사로잡을 수 있는 가장 효과적인 방법이

된 것입니다. 인스타그램에 노출되는 광고 한 토막이나, 유튜브 영상을 플레이할 때 기계적으로 skip 버튼을 누르게 하는 바이럴 영상과는 달리, 팝업스토어는 사람을 밀어내지 않고 오히려 부르는 힘을 갖고 있습니다. 공간을 일부러 방문하고, 호기심 어린 마음으로 콘텐츠를 '경험'한 소비자들은 브랜드를 단순히 인식하는 데에 머물지 않습니다. 이해하고 공감하며 적극적인 호감을 갖게 됩니다. 눈앞에서 만지고 냄새 맡고 맛보는 과정은 물론, 팝업스토어를 찾아온, 자신과 어쩌면 취향이 비슷할지도 모르는 사람들과도 만나는 경험을 하게 됩니다. 말 한마디 나누지 않을지라도, 같은 공간 안에 있다는 것만으로도 동질감과 소속감을 느끼게 되죠. 그리고 그곳에서 만나는 멋진 사람들을 통해 스스로 자존감을 채우기도 합니다.

사실, 공간이 주는 힘에 관해 인류는 아주 오래전부터 잘 알고 있었습니다. 우리가 유럽 여행 중에 만나게 되는 거대한 성당을 보면 쉽게 알 수 있죠. 경이로운 빛이 쏟아지는 가운데 권위와 숭고가 깃든 곳으로 시선이 향할 수밖에 없게끔 설계되어 있습니다. 그리고 그곳에는 반드시 성직자가 자리해 설교합니다. 그 비현실적인 공간 안에 함께한 사람들은 같은 곳을 바라보며 같은 노래를 부르고 같은

©사진: Maker's Mark 공식 유튜브

단어를 외칩니다. '우리'라는 소속감이 싹트고 신앙이 더욱 단단해질 수밖에 없는 공간입니다.

구분 짓기의 본능

그래서 최근의 팝업스토어가 성수동이나 삼각지 주변의 뒷골목을 노려 열렸던 점이 큰 의미를 갖습니다. 사실, 2010년대 이후 소셜 미디어의 발달이 없었다면 이러한 전략은 성공하지 못했을 것입니다. '소문'이 결정적인 역할을 하는 방식이기 때문입니다. 인스타그램을 통해 나와 비슷한 취향을 가진 누군가가 어떤 멋진 공간을 방문했다는 사실을 알게 되면, 지도 어플을 켜고 어렵지 않게 그 경험을 공유할 수 있는 곳으로 향할 수 있으니까요. 굳이 명동 한복판이나 강남역 대로변에 호화로운 공간을 꾸밀 필요가 없는 시대가 도래한 것입니다. 아니, 누구나 지나다니는 번화가는 오히려 피해야 할 겁니다. 이 점을 팝업스토어 스타트업 '프로젝트 렌트'는 파고들었습니다. 성수동 골목의 작은 공간을 브랜드에 단기 임대하는 것이 프로젝트 렌트의 기본 비즈니스 모델입니다. 특별한 점은 그 공간 안에서 방문객들이 즐겁게 경험할 수 있는 스토리를 디자인하여 담아낸다는 것입니다. 그 골목은 비일상이었고, 그 공간은 감각적이었습니다. 다만, 아무나 그곳을 찾지는 않았습니다. 비일상에 담긴 감각적인 경험을 원했던 사람들이 소셜 미디어의 사진을 보고 모여들었습니다. 21세기식의 '입소문'이 사람들을 끌어들인 것입니다. 그리고 '그곳'을 방문했다는 사실은 당장 인스타그램에 업로드할 스토리가 됩니다. 아마도 너희들은 모르는, 나 같은 사람들만 알고 방문하는 공간이 부여하는 자부심일 겁니다. 그 작은 공간을 방문한 집단만이 공유할 수 있는 자부심 말입니다.

'우리만 갈 수 있는 곳'은 아주 효과적인 구분 짓기의 도구가 됩니다. 아무리 '힙한' 을지로의 간판 없는 술집이라 해도, 넥타이 부대가 들이닥쳐 목소리를 높이며 회식을 시작한다면, 가치는 소멸합니다. 그 공간이 주는 호사스러운 은밀함에 반해 들른 다른 방문객은 금세 자리를 털고 일어나 버리겠죠. 그리고 또다시, 우리만 아는 곳을 찾아 나설 겁니다. 인간의 기본적인 본능입니다. 우리와 타인을 가르고, 그사이의 경계를 공간이라는 물리적인 방법으로 확인하고 싶어 하는 본능. 우리 아파트 단지 놀이터에 다른 단지 아이들이 오지 않았으면 하는 마음이기도 하고, 고급 호텔마다 비싼 방에 투숙하는 투숙객만을 위한 라운지가 따로 존재하는 이유이기도 합니다. 공간은 특권이고, 계급입니다. 이 현상을 국가 단위로 확장해서 들여다보면 공간도 확장합니다. 우주 개발 이야기입니다.

임대 아파트에 사는 주민들을
단지 내에서 분리하려는 사례도 있었잖아!

달까지 가자

우주는 아무나 꿈꿀 수 있는 공간이 아닙니다. 구소련이나 미국이 꿈꾸었던 공간이죠. 달 표면을 걸었다는 사실 자체가 한 나라의 파워를 상징했던 시절이 있었습니다. 그러나 그것은 반세기 전의 이야기입니다. 인류는 이제 우주를 어떻게 소유할 것인지에 관해 구체적으로 이야기하기 시작했습니다. 그것이 바로 이현구 에디터가 포캐스트 〈프로젝트 네임 아르테미스〉에서 상세히 분석한 미국의 새로운 달 탐사 작전, '아르테미스 프로그램'의 진짜 의미입니다.

　냉전 시대의 우주 탐사는 미국이나 구소련, 즉 우주선을 쏘아 올리는 개별 국가의 문제였습니다. 자국의 우월성을 입증하기만 하면 되었던 시절이었죠. 그러나 상황이 달라졌습니다. 이제 우주를 향하는

©사진: NASA 공식 유튜브

인류에게는 목적이 생겼습니다. 가깝게는 달에서 캐내겠다는 희토류 등의 희귀 광물부터, 더 나아가서는 달을 중간 기착지 삼아 태양계 저 멀리, 제2의 지구가 될 만한 행성을 탐사하겠다는 야망입니다. 즉, 본격적인 달 개척 시대가 코앞으로 닥친 것입니다. 이를 앞두고 미국은 '아르테미스 협정'을 통해 달 탐사와 개발 등에 관한 공동체를 구성하고 있습니다. 한국도 물론 참여했습니다. 얼마 전 성공적으로 발사된 다누리호의 임무는 달 착륙 후보지를 찾는 것입니다. 2025년, 사람을 실은 우주선이 달 표면 어디에 착륙해야 할지를 탐색하는 것이죠.

그런데 이 아르테미스 협정이란 것이 단순한 기술 협력체가 아니란 점에 주목할 필요가 있습니다. 미국이 세계 유일의 초강대국이었던 시대는 저물고 있습니다. 러시아가 제2의 제국을 꿈꾸고 있고 중국 또한 경제적 영향력을 앞세워 미국과 맞서고 있죠. 다극화 시대, 미국은 우주라는 미래의 공간에서 맹주를 꿈꿉니다. 2050년, 달에 광산을 만들어 희토류를 캐낸다고 가정해 보죠. 어떤 규칙에 따라 어떤 방식으로 광산을 개발해 나아갈지에 관한 규칙이 미국 중심의 협의체에서 결정되는 것입니다. 우리가 흔히 뉴스에서

접하게 되는 '칩4 동맹', 'RCEP(역내포괄적동반자협정)' 등과 크게 다르지 않습니다. 그리고 이 협의체에 한국과 일본, 유럽 등 전통적인 우방국은 물론 폴란드나 우크라이나 등이 합류해 있다는 점도 흥미롭습니다. 과연 미국이 꿈꾸는 대로, 달이라는 새로운 공간은 미국을 중심으로 만들어진 질서가 지배하게 될까요? 우주라는 공간 속에서도 인류는 힘의 논리와 이해관계를 기준으로 물리적인 구분 짓기를 계속하게 될까요?

우리의 공간

달과 우주로 우리의 시선이 향하는 까닭은 아마도 더 나은 삶을 품을 수 있는 공간을 원하기 때문일 것입니다. 새로운 공간에서 새로운 기회를 찾고자 하는 열망입니다. 그 열망은 기술이 만들어 내는 미래형 도시라는 형태로 나타나기도 합니다. 이다혜 에디터가 포캐스트 〈브레이브 뉴 시티〉에서 소개한, 미국 사막 지역에 건설되고 있는 미래형 도시 텔로사(Telosa)가 대표적입니다. 모빌리티의 효율을 극대화하고 지속 가능한 에너지를 소비하는, 다양성이 확보된 도시가 텔로사의 청사진입니다. 이런 실험들이 성공한다면 새로운 도시 공간은 우리의 삶을 송두리째 바꿔 놓을지도 모르겠습니다. 그런데 질문하게 됩니다. 먼 우주나 기술이 집약된 미래형 도시가 아니면 '우리'의 이름으로 꿈꿀 만한 공간이 정말 없는 것일까요? 지금 당장 구분 짓기를 넘어 사람과 사람이 조우할 수 있는 장소로서의 공간을, 그리하여 새로운 기회를 누구에게나 제시하는 공간을, 우리는 누릴 수 없는 것일까요?

군이 '소셜 믹스'라는, 우리 사회가 실패해 버린 개념까지 들고나올 필요도 없을지 모릅니다.《공간의 미래》의 저자 홍익대학교

건축대학 유현준 교수는 그저 도시에 공원을 하나 더 만들고, 분주한 도심 한 켠에 벤치를 더 두는 것이 의미 있는 시작이 될 수 있다고 이야기합니다. 집 밖에도 우리가 누릴 수 있는 '우리의 공간'을 더 배치하는 것만으로도 타인을 만날 기회를 기하급수적으로 높일 수 있습니다. 팝업스토어가 증명한 것처럼 타인을 단순히 인식하는 것이 아니라 '이해'하려면 공간을 공유하고 얼굴을 마주 보고 같은 풍경을 바라봐야 합니다. 그 어느 때보다 '우리의 공간'이 필요한 이유입니다. ⊤

포캐스트에선 현재를 통찰하고 미래를 전망해요.
이달에 알아야 할 비즈니스, 라이프스타일, 글로벌 이슈 일곱 개를 골랐어요.
3분이면 이슈의 맥락을 알 수 있어요.

억만장자 마크 로어가 미국 사막 지역에 유토피아 도시
텔로사(Telosa)를 건설한다. 단순한 도시 건설이 아니다. 새로운 사회
모델의 실험이다. 완벽하게 설계된 도시는 인간의 역할에 어떤 질문을
던지나? __ 이다혜 에디터

BACKGROUND 탐험

나사는 달을 탐내고, 스페이스엑스는 화성 식민지를 꿈꾼다. 제프
베이조스는 우주로 여행 가고 일론 머스크는 땅 밑으로 터널을 뚫는다.
사람들은 새로운 사회를 꿈꾼다. 단순히 또 하나의 주거 공간을
만들려는 것이 아니다. 겪어 본 적 없는 시스템을 만들고 싶어 한다.
국가가 갖지 못한 자본과 기술, 아이디어 3박자를 갖춘 억만장자들이
새로운 국가를 건설하려 한다.

DEFINITION 텔로사

마크 로어(Marc Lore)가 미국 사막 지역에 유토피아 도시
텔로사(Telosa)를 건설한다. 아리스토텔레스가 '존재의 목적'이란
뜻으로 사용한 고대 그리스어 '텔로스(Telos)'에서 따온 이름이다.
세계적인 건축 설계 사무소 비야케잉겔스그룹(BIG)이 참여한다. 미국
네바다주, 유타주, 애리조나주 세 개 지역이 최종 후보군이다. 36개
구역으로 구성할 예정이다. 각 구역은 모든 편의 시설에 15분 내로
도달할 수 있는 '15분 도시(15-minute city)'를 목표로 한다. 총 460조
원 가량의 예산이 투입된다.

KEYPLAYER 마크 로어

1971년생이다. 억만장자(billionaire)로 흔히 소개된다. 2014년
전자 상거래 업체 제트닷컴(Jet.com)을 창업했다. 2016년 월마트가
제트닷컴을 인수하며 월마트 이커머스 부문 책임자 자리를 맡았다.
당시 인수 금액은 33억 달러였다. 로어는 5년간의 재임 기간 동안

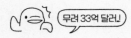

무려 33억 달러!

월마트 앱 재설계, 2일 내 배송 서비스 론칭, 온라인 채널 확대 등
이커머스 부문 혁신을 다수 실험한 인물이다. 2021년 3월 월마트를
떠난 후, 불과 6개월 뒤인 2021년 9월 텔로사 건설 계획을 처음 밝혔다.
현재 미네소타 팀버울브스의 NBA 소유주이며 최근 VCP라는 벤처
캐피탈을 창업했다. 주로 문샷 아이디어에 투자한다. 대표적으로 항공
우주 관련 개발사 아처(Archer)의 최대 주주다.

STRATEGY 교통, 탄소, 다양성

텔로사 시티가 소개하는 특징들은 다음과 같다.

• 교통 ; 도로에서 커브를 없앤다. 동선의 효율을 높이고 사고를
최소화하기 위함이다. 전기차와 자율 주행차가 기본값이며 주차장은
모두 지하로 보낸다. 보행자 중심의 도시를 만들려는 것이다.

• 탄소 ; 지붕 위 태양 전지판으로 에너지를 생산한다. 물의 저장 및
재사용 과정을 혁신한다. 그린 하우스에서 농산물을 자급자족하되,
경작의 양을 제한해 식량 낭비를 방지한다.

• 문화 ; 다양한 인종·국적·성별·소득 수준을 가진 사람들을 모은다.
2030년까지 5만 명을 수용하는 것을 목표로 한다.

RECIPE 빅데이터

텔로사는 일종의 스마트 시티다. 계획된 공간 설계와 촘촘한
통신망으로 기존 도시의 문제들을 해결한다. 스마트 시티의 핵심

ICBM(IoT, Cloud, Big data, Mobile) 중 제일은 빅데이터다. 철저한 계산으로 인구 밀도를 일정 수준으로 유지하고(1에이커에 33인), 의료 교육 등 각종 분야에서 개인화된 서비스를 제공하고자 한다.

<u>CONFLICT 기업 국가</u>

• 공간을 설계하고 권역을 나누는 것은 근대 국가의 역할이었다. 이젠 개인과 기업이 침범하기 시작했다. 기업 인큐베이팅 단지가 그렇다. 애플이 캘리포니아에 만든 애플파크, 텐센트가 선전 시에 만든 넷시티, 라 프렌치 테크가 파리에 만든 스타트업 단지 스타시옹F가 대표적이다.

• 단순히 산업 중점 도시만 조성하지 않는다. 일반인이 거주하는 사회 모델을 만드는 단계로 나아가고 있다. 도요타 우븐 시티(Toyota Woven City)는 도요타가 일본 후지산 자락에 건설 중인 실험 도시다. 완전 자율 주행 교통 시스템을 도입하고 로봇 서비스가 일상 속으로 침투한다. 다양한 계층의 2000명 주민을 수용하는 것을 목표로 한다.

• 특정 계층과 취향을 공략하기도 한다. 골든 오크 맨션은 디즈니 파크 내 위치한 거주 공간이다. 400여 채의 집이 모여 있으며 언제든지 디즈니랜드와 헐리우드 스튜디오에 갈 수 있다. 직접 농작물을 길러 먹는 자급자족 시스템, 구글맵 거리뷰에도 노출되지 않는 극도의 프라이버시가 특징이다.

ⓒ사진: ALF photo

RISK1 환경

많은 미래형 도시는 친환경 도시를 표방한다. 그러나 도시를 건설하는
과정은 그 자체로 환경 파괴를 담보한다. 사우디아라비아는 지난
2016년 〈사우디 비전 2030〉을 발표하며 자국 북서쪽 지역에서
네옴(Neom) 프로젝트를 시행하겠다고 밝혔다. 담수화 플랜트로 물을
공급하고, 수직 농업과 온실로 식량 자급자족한다는 계획이다. 문제는
건설 과정에서 발생하는 환경 오염이다. 네옴 프로젝트의 일환인 '더
라인(The Line)' 도시 계획은 홍해에서 사막을 직선으로 관통하는
170킬로미터의 긴 주거 공간을 만드는 것이다. 바다 위 존재하는
부유식 산업 단지 '옥사곤(Oxagon)'도 구상안에 있다. 사막에 살던
기존 원주민을 내쫓고, 바닷속 산호초를 해쳐야 하는 프로젝트다.
누구를 위한 친환경 도시인가라는 비판이 잇따른다.

©사진: Peter Hermes Furian

RISK2 데이터

• 크리스 잘터 취리히대 교수는 도시 관련 데이터 수집 기술이 가장
많이 발전한 것은 전시 상황에서였다고 분석한다. 일례로 베트남
전쟁 당시 미 국방부는 베트남의 남북을 가로지르는 호치민 루트에

2만여 개의 센서를 설치하고 물류 이동을 실시간 감시했다. 목적은 북베트남군의 보급을 막는 것. 이후엔 '네트워크 중심전(network-centric warfare)'이라 명명될 정도로 전쟁 기간 동안 천문학적인 양의 데이터를 수집했다.

• 일상 속 편의를 도모하는 많은 기술이 미국 국방고등연구계획국(DARPA)으로부터 나온다. 인터넷의 모태인 아파넷(ARPANET)은 전쟁 시 통신망 유지를 위해 개발됐고, 애플의 시리(Siri)나 디램(DRAM) 장치 역시 DARPA에서 유래했다. GPS, 자율 주행 등 스마트시티의 기반이 되는 많은 기술도 마찬가지다. 즉, 한 도시를 만드는 데 필요한 기술과 한 도시를 공격하는 데 필요한 기술은 같다.

치밀하게 설계된 도시일수록 쉽게 무너질 수 있겠군!

RISK3 솔루션

• "만약 텔로사 사회 모델이 성공한다면, 어려움을 겪고 있는 현존 도시에는 어떤 도움을 줄 것인가?" 지난 7월 25일 타운홀 미팅에서 위 질문이 나왔을 때, 프릿 바라라(Preet Bharara) 텔로사 고문은 다음과 같이 답했다. "현존하는 도시를 개선하려는 사람이 있는 것처럼, 문샷에 관심을 갖는 사람도 있는 것이다. 누군가는 크게 생각해야 한다. 그래야 역사는 성장한다."

• 미래형 도시 설계는 성공적인 후대를 다지기 위한 기반이다. 다르게 말하면 현실의 도시 문제에 대한 솔루션과는 거리가 멀다. 마크 로어가 외치는 개방, 공정, 포괄(Open, Fair, Inclusive)이 추상적으로

느껴지는 이유다. 전 세계 도시의 장점을 모아 설계한 억만장자들의
사회 실험은 좋아하는 음식을 원하는 만큼 골라 담아 온 뷔페 접시와
같은 모양이다. 유토피아를 외치는 사회에서 현실의 디스토피아는 외면
받는다. 마리우폴, 키예프와 같은 이름들이 그렇다.

©사진: romanya

INSIGHT 유토피아

• 완벽하게 설계된 사회는 인간의 역할에 근본적인 질문을 던진다.
인공지능이 모든 상황을 예측하고 알맞게 반응하는 사회에서 사람의
역할은 무엇인가? 스마트시티 실험의 한 참가자가 되어 데이터를
아카이빙하는 데 도움을 주는 역할에 그친다면 사람과 데이터, 사람과
인공지능 간의 경계는 불분명해진다.

• 우리에게 필요한 것은 새로운 유토피아인가? EIU 조사에 따르면
2022 살기 좋은 도시 순위 1위는 오스트리아 빈, 2위는 덴마크
코펜하겐, 3위는 스위스 취리히 순이었다. 상위권을 벗어나지 않는
도시들이다. 이상적인 삶의 조건은 오크 맨션의 우아함이나 넷시티의
최첨단 기술이 아닐지 모른다. 모두의 행복이 혁신적일 필요는 없다.

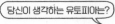 당신이 생각하는 유토피아는?

텔로사 시티는 성공할까? 텔로사의 핵심 가치, 공정성(equity)을 달성하는 것이 첫 번째 관문이다. 현재 텔로사 시티 프로젝트에 참여하는 사람의 68퍼센트가 백인, 63퍼센트가 남성, 77퍼센트가 35~54세다. 기술 전문직(tech pro)이 밀집한 회사이기 때문이다. 문화에 관한 비판도 있다. 계획된 다양성, 설계된 공정성 속에서 그 집단만의 취향과 문화가 탄생하는 것은 쉽지 않다. 텔로사 측은 "닭이 먼저냐 달걀이 먼저냐의 논쟁과 비슷하다"는 답변을 내놓았다. 그리고 "더 많이 개입(intentionality)하겠다"고 답했다. 텔로사 시티가 성공한다면 큰 정부와 개인의 자유가 공존하는 역설이 성공하는 것이다. 역설적인 유토피아 실험의 성패를 가름하기까지, 8년의 시간이 남았다. ●

  더 많은 이야기는 북저널리즘 라디오에서 만나요!

미국 항공우주국 나사(NASA)가 달 궤도에 진입할 우주선을
발사하려고 한다. 이는 달 탐사 및 궤도의 우주 정거장 설치를
목표로하는 '아르테미스 계획'의 첫 발사다. 커다란 가치의 달 탐사
앞에서 NASA는 마지막 자존심을 지킬 수 있을까? __ 이현구 에디터

DEFINITION 문러시

1969년 7월 21일, 미국의 유인 우주선 '아폴로 11호'의 사령관 닐 암스트롱은 인류 최초로 고요의 바다에 뛰어들어 미국의 '스푸티니크 쇼크'를 치유했다. 2022년 인류는 새로운 달 탐사 시대의 원년을 알렸다. 유일하게 사람을 달에 보낸 미국이 반세기 만에 우주로 다시 사람을 보내는 초국적 계획을 세웠고 그 계획의 첫 발사가 올해 이뤄지기 때문이다. 물론 같은 계획에 참여한다고 같은 기술력을 공유하는 건 아니다. 세계는 달을 향한 경쟁, '문러시(Moonrush)' 중이다.

©사진: historyhd

NUMBER 106

미국 전략국제문제연구소(CSIS)는 향후 10년 내 19개 국가 및 유럽 우주국(ESA)이 106개의 미션을 추진할 것으로 내다봤다. 달 궤도 공간(Cislunar)과 달에서 추진하고 있는 우주 탐사 프로젝트 현황을 분석한 결과였다. 주요국의 우주 개발 기관과 현시점에서 그들이 주력하는 달 탐사 프로젝트는 아래와 같다. 살펴보면 신냉전의 연장선이다.

• 미국 ; NASA, 아르테미스 계획(Artemis Program).

• 중국 ; 중국 국가항천국(CNSA), 창어 계획(CLEP), 달 연구기지(ILRS) 건설 계획.

• 러시아 ; 러시아 연방 우주국(로스코스모스, FKA), '루나 25호' 개발 중. ILRS 공동 개발.

• 유럽 ; 유럽 우주국(ESA), 달 남극의 '문 빌리지(Moon Village)' 건립 계획 발표 이후 현재는 아르테미스 계획 참여 중.

• 인도 ; 인도 우주연구기구(ISRO), 달 착륙선 '찬드라얀' 3호 개발 중.

• 이란 ; 이란 우주국(ISA), 러시아 발사체로 8월 9일 정찰·관측 위성인 '하이얌' 발사.

• 아랍에미리트(UAE) ; 아랍에미리트 우주국(UAESA), 무인 우주선 '라시드' 개발 중.

• 일본 ; 일본 우주항공연구개발기구(JAXA), 아르테미스 계획 참여 중. 달 착륙선 슬림(SLIM) 개발 중.

EFFECT 선점의 이점

세계가 우주, 특히 달에 주목하는 이유는 과거와 다르다. 미국이 달에 꽂은 깃발은 자존심이자 냉전 승리의 상징이었다. 20세기 우주 경쟁의 목표는 안전한 발사체로 위성을 궤도에 올리거나 달에 닿는 것에 머물렀다. 지금 꽂으러 가는 깃발은 선점의 깃발이다. 1967년 제정된 우주 조약(Outer Space Treaty)은 우주 이용 자유의 원칙을 명시하고 있다. 자유로운 탐사가 가능하지만 우주에 대한 주권 주장은 불가하다는 내용이다. 그런데 자원 채취가 불법이라는 말은 없다. 줍는 사람이 임자다. 코로나19로 잠시 주춤했던 문러시는 선점의 이점을 노린 경주다.

MONEY 560경 원

달에는 마그네슘, 실리콘 등의 광물을 비롯해 반도체 제조의 핵심 소재인 희토류와 핵융합 에너지의 원료인 헬륨3(He3), 우라늄 등이 풍부하다. 특히 이 헬륨3는 1그램의 열량이 석탄 40톤과 맞먹는 기적의 자원이다. 석유 1그램의 열량과 비교하면 1400만 배다. 약 370톤의 헬륨3는 인류가 1년간 소비하는 모든 에너지를 공급할 수 있는 양으로 알려져 있는데 달의 북쪽 동경 18~43도 지역의 표토에 최소 1만 톤의 헬륨3가 있는 것으로 파악된다. 미국 위스콘신대학교 융합기술연구소는 달 표토에 총 110만 톤의 헬륨3가 있을 것으로 추정하는데 이는 돈으로 환산하면 전 세계 GDP의 57배 수준인 5000조 달러, 우리 돈 약 560경 원에 해당하는 숫자다. 다만 이를 활용하려면 핵융합 기술이 필요하고, 해당 기술의 상용화 시점은 2050년쯤으로 예상된다. 비관론이 적지 않은 이유다.

RECIPE 인프라

달 표면 물질 채굴은 그다지 어렵지 않다. 1~2미터가량 채굴해 섭씨

600도로 가열해 분리하는 기술이 연구되고 있다. 문제는 이동이다. 확보한 자원을 이동시키려면 달에 사람을 보내는 것을 넘어 달 궤도에 우주 정거장이 필요하다. 물자와 연료 공급, 우주 비행사 교대, 과학 실험 등의 역할이 필요하기 때문이다. 자원의 선점보다 우선할 것은 자원 채취를 위한 인프라를 선점하는 것이고 그게 달 탐사의 주요 목적이다. 인프라가 한번 갖춰지고 나면 화성 등 심우주 탐사를 위한 전초 기지로 사용될 수도 있다. 화성에 직접 가는 것보다 리스크가 적어진다.

NUMBER 3.8센티미터

인류가 달을 외면하는 동안 달은 연간 3.8센티미터씩 지구로부터 멀어졌다. 중국은 아폴로 11호가 달에 닿은 지 38년 만인 2007년에 '창어 1호'를 발사해 달 궤도에 진입시키고 달 표면의 3D 지도를 만들었다. 미국은 뒤이어 '컨스텔레이션 계획(Project Constellation)'을 발표했다. 유인 우주 탐사 계획으로 미국의 새로운 유인 우주선 '오리온'을 만드는 데 그 목적이 있었다. 아폴로 계획 이후 개발된 우주왕복선은 이름처럼 우주를 쉽게 왕복하기에는 너무 크고 비효율적이며 안정성도 떨어져 퇴역했기 때문이다. 국제우주정거장(ISS)의 승무원을 교체할 때마다 미국은 러시아의 소유즈 우주선에 한 좌석당 6800만 달러를 내고 타야 했다. 다만 이 컨스텔레이션 계획은 2010년에 금융 위기의 여파로 취소됐다. 오바마 정부는 대신 달을 건너뛰고 화성에 직접 가자는 '마스 퍼스트(Mars First)'를 주장했는데 이때 'SLS(Space Launch System)'라는 발사체의 개발이 시작됐다. 그리고 트럼프 정부가 다시 되살린 것이 지금의 아르테미스 계획이다.

화성에 가기 전에 달부터 찍고 가자는 거지~

STRATEGY 아르테미스 계획

아르테미스는 달의 여신으로 아폴로의 쌍둥이 누이다. 아폴로 계획의
공식 승계인 셈이다. 아르테미스 계획엔 몇 가지 특징이 있다. 최초의
여성 및 다인종 우주 비행사를 달에 착륙시키겠다는 것, 21개국이
서명한 '아르테미스 협정'의 존재, 달 궤도를 도는 우주 정거장의
건설이다.

• NASA의 계획서는 총 세 가지 장으로 구성돼 있다. 지속 가능한 달
탐사 체계 구축, 인간을 달에 착륙시키기, 달 탐사 미션의 연장 및 화성
탐사 준비가 그것이다.

• 첫 번째 발사 미션은 8월 29일 예정이었던 '아르테미스 1'이다. 앞서
개발 과정을 언급한 오리온 캡슐에 마네킹을 태우고 SLS 발사체를 통해
달 궤도를 돌고 온다. '아르테미스 2'는 2024년에 사람을 태운 채 달
궤도 운항을, '아르테미스 3'은 2025년에 여성 및 유색 인종 등 두 명의
비행사의 달 착륙을 목표로 한다.

• 달 궤도에 띄우는 우주 정거장 '루나 게이트웨이'는 2024~2027년쯤
건설을 완료해 2030년에 실제 임무를 수행할 예정이다. NASA, ESA,
JAXA, PTK, CSA(캐나다 우주국) 등이 공동 개발하고 있었으나
러시아는 2021년 5월에 프로젝트 탈퇴를 선언했다.

RISK 두 개의 SLS

이 거국적 프로젝트엔 치명적 문제가 있다. 존재의 이유다. 11년의

오랜 연구 개발 기간 동안 투여한 예산은 238억 달러로 추산된다. NASA는 이를 118억 달러로 보고했으나 이는 첫 발사와 관련된 비용만 책정한 금액이다. 실제론 42.5퍼센트의 비용이 더 들었다. 오리온 역시 지금까지 204억 달러가 투입되어 예상보다 37.4퍼센트의 추가 비용 지출이 있었고 발사를 통제하고 총괄하는 시스템인 '탐사 지상 시스템(EGS)'은 40퍼센트나 예상 금액을 초과했다. 보도에 따라 다르지만 SLS와 오리온을 한 번 발사할 때마다 41억 달러의 비용이 발생하는 것으로 추산된다. 이렇게 되면 경쟁자는 다름 아닌 '스페이스X'가 된다. 스페이스X가 개발 중인 '스타십(Starship Launch System·SLS)'은 화성의 테라포밍을 목표로 개발 중인 우주 발사체다. 1회 운용 시의 비용을 100만 달러 대로 낮추려는 스타십이 상용화되면 SLS의 존재 이유뿐 아니라 달 궤도 위 인프라의 필요성에도 의문이 제기될 수 있다.

INSIGHT 페이로드

아르테미스 계획은 뉴스페이스 시대에 걸맞게 이미 다양한 분야에서 민간 우주 산업체와 협업하고 있다. 전술한 스타십은 아르테미스 계획의 휴먼 랜딩 시스템(HLS)에 사용될 예정이며, 스페이스X의 '팰컨 헤비'는 루나 게이트웨이를 실어 나르는 무인 화물선 '드래곤 XL'의 발사체로 선정됐다. 그러나 NASA가 그린 밑그림에는 국가 주도의 우주 개발 기관이 가져야 하는 포지션이 있다. 민간 주도의 우주 산업이 상업적 용도로서 지구 궤도를 담당하고, NASA는 달이나 심우주에 대한 탐사 주권을 갖는 것이다. 그러나 이미 스페이스X는 NASA를 다방면에서 압도하며 NASA의 자존심을 구기고 있다. 악시오스는 이를 "NASA 최후의 보루"로 표현했다. 고(高)인플레이션과 바이든

정부의 인플레이션 감축법에 소모되는 거대 예산 등을 고려하면
이번 발사의 실패는 국민적 분노를 불러일으킬 수 있다. 아르테미스
계획은 올드 스페이스의 마지막 유산이다. 그들이 짊어지고 있는
페이로드(payload)는 우주 패권 경쟁 이전에 '존재의 증명'이다.

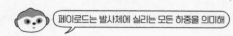
페이로드는 발사체에 실리는 모든 하중을 의미해

FORESIGHT 사슴 사냥 게임

우주 패권 경쟁의 미래는 '사슴 사냥 게임(Stag Hunt)'과 닮았다. A와
B가 사슴 혹은 토끼를 사냥한다. 사슴은 A, B 혼자서는 잡을 수 없어
협동해야 잡을 수 있고, 토끼는 A와 B가 단독으로 잡을 수 있다. 사슴은
토끼보다 보상이 크다. 이 게임의 내시 균형은 "둘 다 사슴을 잡거나
각자 토끼를 잡는 것"이다. 토끼라는 보험이 있을 때 어떤 행동을
해야 편익이 큰지를 계산하는 이론이다. 미-소의 우주 경쟁은 치킨
게임이었지만 우주 개발은 늘 협력의 이점이 큰 게임이다. 특히 ISS는
초국적 컨센서스에 대한 믿음이자, 인류 공통의 위기나 과제를 동시에
해결하자는 약속이었다. 러시아는 ISS의 노후화를 이유로 2024년
ISS에서 철수하겠다고 밝혔다. 우크라이나 전쟁 등으로 서방과 관계가
완전히 끊어진 것 역시 한몫했다. ISS를 운항하고 추진 제어 시스템을
담당하는 러시아가 철수하면 ISS는 운영되기 어렵다. 중국은 이미
2011년, 유인 우주 정거장인 '톈궁' 시리즈를 발사해 왔고 러시아와는
달 표면 기지 계획을 세운다. 기술 발전의 가속화와 민간 우주 산업의
등장은 많은 국가에 하나의 보험이 됐다. 문러시는 앞으로 토끼를
잡으려는 동상이몽으로 더 파편화될 가능성이 있다. ☻

더 많은 이야기는 북저널리즘 라디오에서 만나요!

글로벌 영화관 체인 2위 시네월드(Cineworld)가 미국 내 파산 보호
신청을 고려 중이다. 국내 1위 멀티플렉스 CGV 또한 판데믹의
직격탄을 맞았다. 멀티플렉스는 혁신을 보여 줄 수 있을까? 반쪽짜리
질문일지 모른다. __ 이다혜 에디터

DEFINITION 시네월드

• 글로벌 멀티플렉스 체인 2위다. 1995년 영국에서 시작했다. 전 세계
10개국에 751개 극장, 9189개의 스크린을 소유하고 있다.

• 쇠락의 발단은 코로나였다. 2020년 3월 시네월드는 영국 내
모든 상영관 영업을 일시 중단했다. 2020년 8월 일부 극장 영업을
재개했으나 불과 두 달 만에 다시 영업을 중단했다.

• 2019년, 캐나다의 영화관 체인 시네플렉스(Cineplex)와 체결한 인수
합병 계약이 미뤄진 것 또한 타격이 컸다. 지난해 말 시네월드는 계약
이행 의무를 고의적으로 지연했다는 혐의가 인정되며 9억 3400만
달러의 손해 배상금을 물게 됐다.

• 2022년 8월 19일, 시네월드가 미국 내 파산 보호 신청을 고려 중인
것이 월스트리트저널에 의해 밝혀졌다. 코로나 기간 동안 누적된
부채 규모는 48억 달러. 해당 보도 후 시네월드의 주가는 58퍼센트
폭락했다. 경쟁사에도 후폭풍이 이어졌다. 글로벌 영화관 체인 1위인
AMC 엔터테인먼트의 주가 또한 40퍼센트가량 폭락했다.

RECIPE 마블

• 팬데믹의 직격탄을 맞은 시네월드의 유일한 버팀목은 마블이었다.
2021년 10월에서야 제임스 본드 시리즈 〈007 노 타임 투 다이〉를
개봉하며 회복기에 들어섰다. 〈스파이더맨: 노 웨이 홈〉 개봉과도
맞물리며 2021년 12월 시네월드의 매출은 코로나 이전인 2019년도

매출의 88퍼센트 수준까지 올라왔다.

• 지난 3월 자레드 레토는 버라이어티와의 인터뷰에서 "마블 영화가 아니었다면 영화관이 살아남았을지조차 모르겠다"고 전했다. 실제로 지난해 가장 크게 흥행에 성공한 다섯 개 영화는 〈분노의 질주: 더 얼티메이트〉, 〈스파이더맨: 노 웨이 홈〉, 〈샹치와 텐 링즈의 전설〉, 〈베놈 2: 렛 데어 비 카니지〉, 〈블랙 위도우〉였다. 분노의 질주를 제외한 네 개 작품 모두 마블과 연결된 영화다. 마블은 코로나 기간 동안 시네월드뿐 아니라 전 세계 멀티플렉스에 숨을 불어넣는 역할을 했다.

©사진: JorgeEduardo

코로나 기간 동안 마블이 영화관 멱살 캐리를 했군!

NUMBER 19

마블의 심폐 소생술은 멀티플렉스 종말의 반증이었다. 이미지와 사운드가 주는 매력이 압도적인 콘텐츠가 아닌 이상, 사람들은 영화관을 찾을 필요가 없다는 걸 인지하기 시작했다. 영미권만의 얘기는 아니다. 코로나19 이후 국내 3대 멀티플렉스, CGV·롯데시네마·메가박스의 총 19개 지점이 영업을 종료했다. 국내 1위 멀티플렉스 CGV는 지난해 영업 손실 2411억 원을 기록했다. 시장 예상치 2181억 원을 상회하는 규모였다.

MONEY 14000원

영화관이 택한 전략은 티켓값 인상이다. 2000년 국내 멀티플렉스 입장료는 약 7000원이었다. 2013년 2월 영화 관람료 1만 원 시대가 개막했다. 현재는 주중 1만 4000원, 주말 1만 5000원 선이다. 미국 뉴욕시의 상영관 입장료가 16달러(한화 1만 9000원), 영국은 11파운드(1만 7000원) 선인 것을 감안하면 한국 영화관은 여전히 저렴한 편이다. 그러나 대중의 입장은 다르다. 시네마 입장료의 가파른 인상 폭은 고물가 시대의 큰 압박으로 다가왔다.

CONFLICT1 OTT

2020년 2월 한국리서치의 조사에 따르면 '영화관을 찾지 않는 이유' 1위는 '영화관을 가지 않아도 영화를 볼 수 있는 방법이 다양해서(36퍼센트)'였다. 영화관은 공적인 장소다. 멀고 불편하다. 시공간의 제약을 허문 OTT의 추월은 예정된 수순이었다. 넷플릭스와 디즈니플러스 같은 전문 스트리밍 플랫폼은 물론, 하드웨어에서 소프트웨어 시장까지 넘보는 애플 티비 플러스, 자체 스포츠 IP로 스트리밍 플랫폼을 만든 FIFA, 커머스와 연결된 아마존 프라임 비디오까지 다양한 OTT가 대거 등장했다. 서비스가 포화하며, 영화관에서만 누리던 마법 같은 두 시간의 암흑은 매력이 아닌 페인 포인트로 작용하기 시작했다.

CONFLICT2 독립상영관

극도의 편의를 제공하는 OTT뿐만 아니라 소규모 상영관들도 다양한 형태로 등장하기 시작했다.

• 독립 극장 ; 아트나인, 라이카시네마와 같은 독립 상영관들은
멀티플렉스에서 주지 못하는 경험을 선사한다. 비주류 영화를 저렴한
가격에 볼 수 있다. 예술, 독립 영화에 특화된 큐레이션으로 마니아
층의 마음을 사로잡고, 고정비에 대한 부담이 적어 운영이 수월하다.

• 모노플렉스 ; 화질과 음질이 대단치 않더라도 영화를 감상한다는
행위 자체에 집중한 공간이다. RNR은 유휴 공간을 소규모 영화관으로
개조해 영화를 상영한다. 호텔 없이 호텔업을 하는 에어비앤비처럼,
영화관 없이 영화관업을 하는 미래를 그린다.

STRATEGY 큐레이션, 프리미엄, 해외

위기를 직면한 멀티플렉스는 다각도의 시도를 펼치고 있다.

• 큐레이션 ; 2019년 10월, CGV의 예술 영화 전용 극장 '명동역
씨네라이브러리'가 출범했다. 국내 독립 예술 영화의 거점으로
성장하겠다는 포부였다. 예술 독립 영화 위주로 시간표를 구성하고,
영화 관련 장서를 보유한 도서관도 마련했다.

• 프리미엄화 ; CGV의 씨네드쉐프는 레스토랑과 시네마를 결합한
프리미엄 관람권이다. 지난 2007년 첫 출시 후 지속적으로 리뉴얼했다.
침대에 누워 고급 다이닝과 함께 영화 관람을 즐기는 콘셉트다. 티켓
가격은 1인 5만 원이다.

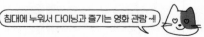

침대에 누워서 다이닝과 즐기는 영화 관람 네!

• 해외 시장 ; CGV 글로벌 멀티플렉스 순위 5위를 차지한다. 올해 1분기 기준 CGV 글로벌 매출 비율은 한국이 1위(37퍼센트), 중국이 2위(28.7퍼센트), 튀르키예가 3위(11.9퍼센트)였다. 시장 상황이 녹록치는 않다. 지난해 코로나19의 충격으로 중국 시장에선 영업 손실 812억 원을 안았다. 튀르키예 시장은 근 몇 년간 리라화 가치 하락으로 인해 흔들리고 있다.

RISK 멀티플렉스

• 멀티플렉스에는 이렇다 할 혁신이 없었다. 영화 상영과 스낵 장사, 명절마다 개봉하는 블록버스터 혹은 유명 인사와 함께하는 GV를 비슷한 형태로 십 수년간 유지해 왔다. 코로나19로 직격탄을 맞았을 때도 지원금 제도를 시행하고, 키오스크 주문과 로봇 서비스를 도입하는 정도였다.

• 마케팅 또한 기존 모델에 머물렀다. 영화 캐릭터를 활용한 굿즈, 영화 관람을 기록하는 포토티켓북은 DT 시대 이전에도 나올 수 있는 상품이었다. 미술 산업은 NFT 시장에 주목하고 게임 산업은 가상 현실과 증강 현실을 넘나들지만 멀티플렉스의 혁신은 과거에 멈춰 있다. OTT의 등장은 거들었을 뿐, 영화관 쇠퇴의 본질은 영화관 자체에 있다.

REFERENCE 씨네라이브러리

• CGV의 예술 영화 전용 극장 명동역 씨네라이브러리는 3년도 채 되지 않아 폐관 위기에 처했다. 문제는 비싼 임대료였다. 명동 한복판에 위치한 것이다. 소수의 수요만으로는 덩치를 유지하기 어려웠다.

영업 종료 날짜는 2022년 8월 18일로 확정됐었다. 최근 임대인과의 협상으로 계약을 2년 연장하며 폐관은 면했으나, 독립 영화 전용관은 기존 다섯 개에서 두 개로 줄어들었다.

• 씨네라이브러리의 실패는 멀티플렉스만의 가치에 질문을 던진다. 큐레이션은 도시 곳곳의 로컬 시네마로도 충분하다. OTT만큼 엄청난 양의 영화를 상영하는 것도 어렵다. 독립 상영관들이 동네 책방의 역할을 한다면, OTT 플랫폼은 무한 검색과 열람이 가능한 인터넷 서점 및 전자책 시장과 같다. 멀티플렉스는 그 중간에 위치해 있다. 독립 극장만큼 색깔이 뚜렷한 큐레이션을 보여 주지 못하고, 넷플릭스만큼 다양한 콘텐츠를 제공하지 못한다면 멀티플렉스 모델만이 줄 수 있는 효용감을 찾아야 한다.

> 멀티플렉스는 서점으로 치면 교보문고 같은 느낌 아닐까?

INSIGHT 공간

• 살롱 ; 영화를 좋아하는 사람들이 모이는 공간으로서 기능할 수 있다. 영화 상영과 GV를 넘어 제작과 교육, 커뮤니티 모임이 이뤄지는 복합 문화 공간으로서의 가능성이다.

• 극장 문화 ; 기존 멀티플렉스는 일방향적인 구조였다. 상영하고, 관람하고, 떠났다. 멀티플렉스의 권위가 옅어진 시대에선 청중이 영화를 소비하는 방식이 달라질 수 있다. 지난 7월 〈미니언즈2〉 개봉 당시 영미권 청소년들이 단체로 슈트를 입고 극장에 등장하며 화제가 됐다. 틱톡과 같은 소셜 미디어의 영향이 겹치며 〈미니언즈2〉 관람객들만의 밈을 생산하는 방식으로 확장했다. 이처럼 멀티플렉스는 다수의 대중이 하나의 영화를 둘러싼 새로운 문화를 형성하는 공간이 될 수 있다.

• 랜드마크 ; 멀티플렉스의 장점은 규모다. 상영관에 입장하기 전과 후, 사람들은 넓은 라운지로 모인다. 꼭 영화를 관람하지 않더라도, 돈을 쓰지 않더라도 시간을 보내고 만남이 발생할 수 있는 장소. 현재 멀티플렉스 라운지의 기능은 티켓 발권 및 스낵 구매로 한정돼 있다. 상영관에 입장하기 위한 임시 통로가 아닌 머무르고 싶은 광장으로 재구성한다면, 멀티플렉스는 그 지역 사람들이 공유하는 랜드마크로 자리잡을 수 있다.

FORESIGHT 관객

• 멀티플렉스는 거칠게 말해 부동산 사업이다. 배급사의 콘텐츠를 명당에 디스플레이함으로써 수익이 발생했다. 현재 국내 영화 상영관 수는 610개에 달한다. 랜드마크로의 전환에 성공하고, 새로운 극장 문화가 형성된다 해도 지금의 덩치를 유지하는 것은 요원해 보인다. 한국 영화 산업에 한 획을 그었으나 40여년 만에 폐관한 서울극장의 뒤를 이어, 상영관들이 속속들이 문을 닫는 것은 머지않은 미래다. 관건은 어느 상영관이 살아남는가다.

• 한국의 영화 감상 문화는 철저히 개인적이었다. 작은 불빛에 민감하고, 각자 숨죽여 영화를 감상했으며, 영화가 끝나면 빠르게 극장을 떠났다. 멀티플렉스가 역사 속으로 사라지는 것을 막기 위해선 시네마 측의 분발뿐 아니라 시민의 참여가 중요해진다. 멀티플렉스의 위기는 시네마의 향수와 OTT의 간편함 사이에서 갈등하는 우리 세대에게 질문을 던진다. 영화관은 영화 그 이상의 감동을 줄 수 있을까. 답은 관객에게 달렸다. ⓣ

  (더 많은 이야기는 북저널리즘 라디오에서 만나요!)

인스타그램이 왓츠앱에 이어 유럽에서 무려 4억 5000만 유로의 벌금을
부과받았다. 빅테크 규제는 반독점과 소비자 후생, 개인 정보에 대한
인식 변화에서 출발했다. 미국과 중국, 유럽연합(EU)이 모두 빅테크를
규제하지만 이들의 속내는 모두 다르다. __ 이현구 에디터

MONEY 5500억 원

메타(Meta)가 유럽에서 두 번째 철퇴를 맞았다. 아일랜드 데이터보호위원회(DPC)는 현지시간 9월 5일 인스타그램에 4억 5000만 유로(5500억 원)의 벌금을 부과하기로 결정했다. 유럽 일반개인정보보호법(GDPR)에 따른 조치다. 문제가 된 것은 사용자가 개인용 계정을 비즈니스 계정으로 전환할 때 전화번호나 이메일 등이 자동으로 전체 공개되는 시스템이다. 이것이 13~17세 아동에게도 동일하게 적용돼 10대 사용자들의 정보가 자주 노출됐다. 메타는 항소를 준비 중이다.

©사진: Alexander Shatov

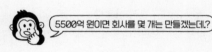

5500억 원이면 회사를 몇 개는 만들겠는데.?

NUMBER 57억

• 메타가 DPC로부터 맞은 첫 번째 철퇴는 메타의 또 다른 소셜 미디어인 '왓츠앱(WhatsApp)'이다. 2021년 9월에 2억 2500만 유로, 한화 3000억 원의 과징금을 받았다. 유럽 이용자의 개인 정보가 어떻게 수집되고 사용되는지 고지하지 않고, 페이스북과 데이터가 공유되는지

여부도 불투명하다는 이유에서였다.

• 왓츠앱은 2021년 12월, 일정 시간이 지나면 대화 메시지가 삭제되는 기능을 강화했다가 영국 아동학대예방기구(NSPCC) 등으로부터 반발을 사기도 했다. 아동을 대상으로 한 범죄를 조장할 수 있기 때문이다. NSPCC는 아동을 향한 범죄가 인스타그램에서 그루밍 범죄로 출발해 추가 가해를 위해 왓츠앱 같은 폐쇄형 앱으로 이동한다고 보는데, 메시지 삭제 기능은 범죄를 용이하게 하기 때문이다.

• 금액은 상대적으로 적지만 DPC는 올 3월에 2018년에 있던 12건의 페이스북 개인 정보 유출 사건에 대해 1700만 유로, 한화 231억 원의 벌금을 메타에 물리기도 했다. 메타가 소유한 페이스북, 인스타그램, 왓츠앱의 월간 이용자 수는 2020년 기준 도합 57억이다. 이 소셜 미디어 제국은 왜 무너지고 있고 누가 무너뜨리려 하는가?

BACKGROUND 페이스북 파일

메타를 향한 외부의 습격은 많았지만 치명타는 내부에서 나왔다. 그들이 '페이스북'에서 '메타'로 사명을 바꾸게 만든 한 내부 고발이 시작이었다. 이를 토대로 《월스트리트저널》은 2021년 9월 기획 기사 시리즈 〈페이스북 파일(Facebook Files)〉에서 페이스북을 포함한 메타의 플랫폼들이 사용자들에게 어떤 위해를 가하는지를 밝히며 이를 알면서도 덮으려 한 경영진의 행실을 폭로했다. 페이스북 파일의 주요 내용은 다음과 같다.

• 화이트 리스트 설정 ; 페이스북은 모두에게 적용되는 플랫폼 이용

규칙을 일부 유명 사용자에게 면제해 주는 비공개 시스템을 구축했다. 이 시스템은 'Xcheck' 혹은 교차 검증이라고 불린다. VIP로 등록된 계정은 문제가 되는 내용도 검열 없이 게시할 수 있었다.

• 인스타그램의 유독성 ; 메타는 인스타그램이 다른 소셜 미디어보다 10대 여성들에게 해롭다는 사실을 자체 연구팀을 통해 조사했음에도 이를 묵인했다. 설문 조사를 토대로 한 2020년 내부 연구 결과에 따르면 10대 여성 중 32퍼센트가 인스타그램으로 인해 자신의 몸을 더 부정적으로 여겼다.

• 분열의 알고리즘 ; 2018년 페이스북의 게시물 알고리즘은 '상호 작용' 기반으로 바뀌었는데, 가짜 뉴스와 폭력·선정적 콘텐츠에 사람들이 더 쉽게 노출되는 결과를 가져왔다. 뉴스피드에 임의로 제공되는 글을 판단할 때 '재공유'에 대한 가중치가 높았기 때문이다. 사회 분열과 논란을 유발하는 내용일수록 공유와 언급이 더 많다.

• 범죄 조직 방치 ; 일부 개발 도상국에서 페이스북이 인신매매와 마약 거래를 위한 창구로 활용됐으나 경영진은 이를 알고도 방치했다.

• 가짜 뉴스 방치 ; 페이스북은 코로나19 백신 관련 부정확한 정보의 게시글이나 댓글을 필터링하지 않았다. 많은 가짜 뉴스가 권위주의 정부의 프로파간다 강화와 소수 민족에 대한 폭력 선동에 이용되기도 했다. 이용자의 90퍼센트가 미국 외 국가임에도 잘못된 정보를 바로잡기 위한 예산의 84퍼센트가 미국에 쓰였다.

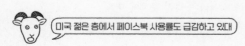

미국 젊은 층에서 페이스북 사용률도 급감하고 있대

일견 징벌적으로 보일 정도로 큰 액수의 과징금은 이와 같은 맥락에서
나왔다. 메타를 향한 벌금의 경우 '개인 정보 보호'와 '이용자,
특히 아동 및 청소년 보호'가 주된 이유인데, 이는 메타뿐 아니라
정보가 돈이고 힘인 빅테크 모두에게 난제다. 빅테크는 주로 플랫폼
사업이고 플랫폼의 속성은 독점이다. 파이를 키우기 위해 오히려 진입
장벽을 낮추면서까지 이용자를 끌어들이는 빅테크는 모두의 정보를
관리하면서도 그 수를 효과적으로 유지하고 신규 이용자를 유치해야
한다. 수익성을 위해 콘텐츠 노출을 조정하거나 입점 업체의 요율을
조정하는 것 역시 필요하다. 이는 개인 정보를 다루는 빅테크의
숙명이다. 빅테크가 성장하던 2010년대를 지나 이제는 그들의 책임이
부각되고 있다. 선봉대장은 EU다.

KEYPLAYER DPC

메타에게 거액의 벌금을 두 번 먹인 것이 아일랜드라는 점은 우연이
아니다. EU에서 메타의 '담당 일진'은 아일랜드의 DPC다. 메타의
유럽 지역 본사가 아일랜드에 위치해 있기 때문이다. GDPR에는
'원스톱샵(One-Stop-Shop)' 메커니즘이 있다. 이는 하나의
담당 기관이 하나의 해석을 내린다는 의미(1 interlocutor and 1
interpretation)로, 동일 사건에 대한 신속하고 일관된 처리를 위한
목적도 있지만 일종의 관할권 문제로도 풀이된다. 다수 회원국이
관련된 사건에서 해당 기업의 주요 사업 부문이 소재한 회원국이
관할권을 가진다. 다른 EU 회원국이 메타의 특정 문제에 대해
수사·조사를 할 순 있지만 원스톱샵에 의해 아일랜드가 우선권을

갖는 것이다. 아일랜드가 특히 더 중요한 이유는 이곳에 다수의 다국적 기업이 위치하기 때문이다. 아일랜드는 '더블 아이리쉬 위드 어 더치 샌드위치(Double Irish With a Dutch Sandwich)'라는 말이 있을 정도로 많은 다국적 기업이 절세 및 조세 회피처로 이용해 온 나라다. 아일랜드가 꺼내든 칼이 빅테크 기업들에 더 치명적인 이유다.

©사진: Gian Cescon

RECIPE GDPR, DMA

EU는 빅테크를 어떻게 요리하려고 할까? GDPR(General Data Protection Regulation)과 DMA(Digital Market Act)는 무서운 주방 도구다. GDPR은 2018년 5월 25일 발효되어 EU내 모든 플랫폼 사업자를 옥죄는 제도다. 각국의 다른 개인 정보 보호법을 통일하고 정보 주체의 권리를 강화하며 기업의 책임성을 강화하려는 데 그 목적이 있다. 시시각각 변하는 플랫폼 사업자들의 비즈니스 모델과 편법에 빠르게 대응할 수 있고 일관된 규제를 할 수 있어 플랫폼 사업자들에게 유럽을 개미지옥으로 만든다. 골자는 다음과 같다.

• 기업의 책임 ; 기업은 DPO를 지정하고 개인 정보 영향 평가를 추가해야 한다. DPO는 'Data Protection Officer'을 의미하며

우리나라의 임원급 개인정보보호책임자(CPO, Chief Privacy Officer)
지정 제도와 유사하지만 지위, 역할, 책임 등에 있어 더 요건이
까다롭다.

• 정보 주체의 권리 ; 이전에는 개인 정보에 대해 단순히 열람 청구권
정도만 강제됐다. 이제는 개인 정보 이용과 이동이 까다로워졌다. 특히
개인 정보를 제3국이나 국제기구 등으로 역외 이전 하려면 다양한
요건을 충족해야 한다. GDPR 7장에 주로 명시돼 있다.

• 높아진 과징금 ; 모든 회원국이 통일된 기준으로 부과하는 과징금은
글로벌 매출의 최대 4퍼센트까지 부과할 수 있다. 메타의 2021년
매출은 1090억 달러 수준으로, 이론적으로는 최대 50억 달러까지도
벌금 부과가 가능하다.

• DMA ; 디지털 시장법으로 디지털서비스법(DSA, Digital Services
Act)과 지난 7월 5일 세트로 통과됐다. 2023년 4월 발효될 예정으로,
DMA가 발효되면 이 법의 구속을 받는 플랫폼 사업자들은 '게이트
키퍼'로 분류된다. 연간 매출액 65억 유로 이상이거나 지난 1년간 평균
시가 총액이 650억 유로 이상인 공룡 사업자가 해당된다. 주요 규제

내용은 플랫폼이나 전자 기기 내 자사 제품을 우대하여 판매하지 않을 것, 자동으로 설정되거나 가입되는 서비스를 강제적으로 설정하지 않을 것 등이 있다. 이 법의 핵심은 과징금이다. 최대 벌금이 매출액의 무려 10퍼센트나 된다.

REFERENCE 중국과 미국

이 같은 움직임은 중국과 미국에서도 나타난다. 중국은 지난 2년간 굵직한 국내 빅테크를 강하게 규제해 왔다. 중국의 5대 빅테크 기업인 알리바바, 텐센트, 핀둬둬, 메이퇀, 징둥의 주가는 2021년 2월 이후 1.5조 달러, 한화 1911조 원이 증발했으며 차량 공유 앱 디디추싱은 뉴욕 증권 거래소에 상장하려다 당국의 규제로 상장 폐지됐다. 미국 역시 공정거래위원회(FTC)의 수장 '리나 칸(Lina Khan)'을 필두로 아마존 등의 빅테크를 강하게 압박해 왔다. 지정학 리스크로 기후 위기 등의 국제적 의제가 휘발되는 가운데 빅테크 규제만큼은 만국 공통으로 시행 중이다.

 자~ 이제 빅테크 규제의 속내를 들여다볼까?

INSIGHT 같은 규제, 다른 속내

불공정 거래를 막고 소비자 후생을 증진하는 거국적 목표와 별개로 EU, 미국, 중국은 각기 다른 속내를 가지고 있다.

• EU ; GDPR의 희생양이 된 기업은 구글, 메타, 아마존 등이다. 시가 총액 750억 유로 이상의 기업을 대상으로 하는 이 법의 주된 목적은

미국의 빅테크다. 유럽에서 인권은 매우 중요한 의제다. 개인 정보 보호의 지나친 강화로 플랫폼 대기업이 글로벌 수준으로 성장할 기회가 없었다. EU는 최근 '비리얼(BeReal)'이 앱스토어 소셜 미디어 부문에서 1위로 떠오르는 것과 같이, EU 내에서 강력한 소셜 미디어나 빅테크가 자라길 기다리고 있다.

• 중국 ; 빅테크가 제공하는 플랫폼은 일종의 공론장 역할을 할 가능성이 있다. 따라서 여론이 중국 공산당에 대한 반체제 성격으로 번질 가능성을 사전에 차단하고자 한다. 중국 이용자의 정보가 역외로 이전되어 자국민에게 영향을 미칠 가능성 역시 우려하고 있다. 중국 공산당은 주요 빅테크 기업의 수장들이 사실상 중국 공산당에 백기를 든 이후에나 규제를 멈췄다.

• 미국 ; 리나 칸은 조 바이든 미국 대통령이 앉혔다. 민주당의 색채가 있다. FTC는 자국 기업에 주로 칼끝을 겨누고 있지만 미국 전체로 보면 중국 빅테크에 대한 견제도 만만치 않다. 특히 틱톡(TikTok)에 대한 불신이 공화당 출신 인사로부터 크다. 이례적으로 서구권에서 성공을 거둔 틱톡은 중국 정부에 이용자 정보를 제공했다는 의혹을 받고 있다. 미국의 빅테크 규제는 잠재적 경쟁자인 중국을 향하고 있다.

FORESIGHT 삼성이 욕을 먹으면

각기 다른 속내는 언제든 갈등을 부를 수 있다. 최근 반도체 협력을 강화하는 서구권에서도 벌써 갈등이 드러나고 있다. 최근 영국의 팹리스(반도체 설계 업체) '암(ARM)'은 미국의 반도체 업체 '인텔(Intel)'과 소송전에 돌입했다. 인텔이 인수한 누비아라는 회사에

ARM의 기술력이 들어갔는데, 이를 사용하지 말라는 것이 골자다. 반도체는 기술이 핵심인 산업으로 이러한 지식 재산권(IP) 문제는 언제든 비화할 수 있다. 빅테크 규제 역시 마찬가지다. 이들이 아무리 다국적 기업이라도 지속적으로 미국 빅테크가 유럽에서 규제를 당할 경우, 미국도 언제든 반대급부의 제재를 가할 가능성이 있다. 마치 삼성이 국내에서 경영권 편법 승계 등으로 욕을 먹어도 국제적으로 고전을 면치 못하면 응원하게 되는 마음과 같다. DMA까지 발효될 2023년에는 빅테크를 둘러싼 규제 전쟁이 촉발될 가능성이 있다. **T**

©사진: Tingey Injury Law Firm

  더 많은 이야기는 북저널리즘 라디오에서 만나요!

미국 에너지부(DOE)의 아르곤국립연구소가 수천 개의 태양광
흡수체를 실험하기 위해 인공지능의 머신 러닝 기능을 활용하고
있다고 밝혔다. 과학·기술 연구 분야에도 인공지능이 활발히 도입되고
있다. 어쩌면 과학계에도 필터 버블이 생길지 모른다. 인공지능 시대를
사는 우리에게 실험과 실패, 목적과 우연은 무슨 의미일까?
__ 김혜림 에디터

DEFINITION 태양열 흡수체 실험

현재 태양 전지의 주요 흡수체는 실리콘 혹은 카드뮴 텔루라이드(Cadmium Telluride)다. 일상적으로 사용하는 재료지만 면적당 흡수할 수 있는 양이 적어 넓은 부지가 필요하다. 과학자인 마리아 챈(Maria Chan)은 가장 효율적인 흡수체를 찾는 실험 과정에 있어서 머신 러닝 기반의 인공지능이 주요한 역할을 할 것이라고 말했다. 인공지능은 수많은 화합물을 실험 가능한 범위로 좁히고, 인간의 개입 없는 실험을 이어갈 예정이다.

ANALYSIS 인공지능의 실험

머신 러닝 인공지능에게 필요한 것은 대규모 데이터와 알고리즘이다. 인공지능은 인간이 긴 시간에 걸쳐 처리해야 하는 데이터를 빠른 시간 안에 학습할 수 있다. 이후 답을 산출하기 위한 알고리즘에 따라 짧은 여정을 마친 후 가장 효율적이고 실패 가능성이 적은 몇 가지 답을 내놓는다.

STRATEGY 효율성

아르곤국립연구소에서 태양 전지의 흡수체에 가장 적합한 답을 찾기 위한 과정은 다음과 같았다.

• 수백 개의 화합물 구성에 대한 데이터를 인공지능에게 학습시킨 후, 가능한 모든 테스트 조합을 시행한다. 그 조합 중 추가로 연구할 가치가 있는 경우의 수를 400여 가지로 줄였다.

• 추가 실험을 통해 인공지능의 예측을 테스트하지만 이때도 인간은 투입되지 않는다. 폴리봇(Polybot)이라는 이름의 로봇을 사용해 실험을 진행하며 '가장 튼튼하고 효율적인' 태양 전지를 위해 실험한다.

인공지능은 인간이 감당할 수 없는 양의 데이터를 검토하고 현실의 문제에 빠르게 답한다. 아르곤국립연구소가 진행하는 태양 전지 흡수체 발명이 그렇다. EU가 발표한 보고서에 따르면 현재 태양광 발전에 필요한 토지는 EU 도시의 50퍼센트 이상, 한국의 75퍼센트 이상이다. 기후 위기가 코앞으로 다가온 지금 무엇보다 빠르게 해결해야 하는 문제라는 말이다.

NUMBER 6배

2020년 〈네이처〉가 공개한 인공지능 로봇 화학자는 한 번에 몇 주도 쉬지 않고 작동한다. 인공지능 화학자는 8일간 688개의 실험을 수행하며 광촉매 혼합물 활성화 식별에서 인간보다 여섯 배 더 나은 작업 효율을 보여 줬다. 결과에 유리한 것을 선택하고, 그렇지 않은 것은 배제했기에 가능했다. 최근에는 몸값이 비싼 데이터 과학자의 의존도를 줄이기 위한 자동화 머신 러닝 기술인 오토ML이 떠오르고 있다.

RECIPE 합목적성

이제 밤 새워 실험하는 대학원생도 줄어들게 될까요?

인공지능은 적은 인력으로 짧은 시간에 많은 경우의 수를 관찰한다. 과제에 가장 알맞은 답을 내놓는다. 알고리즘은 문제를 해결하기 위한 절차다. 문제를 해결하지 않을 법한 절차는 시도하지 않는다는 뜻과도 같다. 인공지능의 실험은 하나의 목적을 향해 달려간다는 점에서

합목적적이다. 답에 맞지 않는 데이터는 걸러진다. 무수한 계산과
로직이 뒤섞인 블랙박스를 열어 알고리즘의 계산식을 따라갈 수도 없다.

RISK 발명과 발견 사이

과학의 발전과 기술의 발명 과정은 합목적과는 거리가 있었다. 때때로
세상을 바꾼 발명은 우연한 발견에서 태어났다. 대표적인 사례가
성냥이다. 영국의 화학자 존 워커는 발화를 연구하던 중 염소산칼륨과
황화안티모니를 반죽해 난로 옆에 두었다가 우연히 성냥을 개발했다.
물론 그 반대도 있다. 아인슈타인은 빛을 전달하는 매개물이었던
'에테르'를 파기하고 새로운 전제를 발명했다. 당연하게 받아들여졌던
기존의 데이터와 이론을 폐기했기에 가능했다. 건국대학교
상허교양대학의 이종필 교수는 과학을 "혁명과 전복의 학문"이라고
정의한다.

EFFECT 과학과 기술 사이

과학과 기술 사이의 장벽이 사라진 이후 상황은 더 복잡해졌다. 산업
혁명 이전까지 학자로서의 과학자와 테크니션(technician)으로서의
기술자는 분리돼 있었다. 19세기 중반 이후 기술 기업이 등장하고,
기업들은 과학자를 연구원으로 기용하기 시작했다. 더 효율적인
생산을 위해 과학은 기술로, 기술은 과학으로 흘러 들어갔다. 지금의
과학적 원리는 기술을 만들고, 기술은 다시 과학적 지식을 창출한다.
기술 발명을 위한 실험이 온전히 인공지능의 손에 맡겨진다면 미래의
과학계는 필터 버블을 품을지도 모른다.

 고도화된 알고리즘은 사람들을 자신만의 세계에 가두기도 해요

버팔로대학교에서 펴낸 책《기계가 세상을 지배할 수 없는 이유》는
인공지능의 능력과 인간의 능력은 전혀 다르다는 것을 지적한다. 기계의
학습은 의지와 의도를 가질 수 없기 때문이다. 인간의 의지와 의도는
적정한 시간의 숙성을 거쳐 새로운 의문으로 태어난다. 인공지능의
시대에서 우리가 생각해야 할 것은 인공지능이 인간처럼 변하는 것이
아니다. 오히려 인간이 인공지능처럼 생각하는 시대다. 이미 우리 삶의
상당 부분은 알고리즘이 조직한다. 스트리밍 플랫폼은 내가 좋아할 만한
콘텐츠를 추천해 주고 소셜 미디어는 내가 관심 있는 상품을 보여 준다.
발견과 발명의 상호 작용 없이 앞으로만 나아가는 시대는 최근의 문해력
논란과도 무관하지 않다. 다른 생각과 취향과 의문을 만나기 어렵기에
새로운 패러다임을 위한 논의가 아닌 소모적 논쟁이 이어진다.

INSIGHT 에러의 종말

한국계 수학자 최초로 필즈상을 받은 허준이 교수는 한 인터뷰에서
다음과 같이 말했다. "뭘 해야겠다고 구체적인 목표를 세우는 것을
선호하지 않는다. 목표가 구체적일수록 마음이 경직된다. 오히려 목표를
정확히 두지 않으면 지적으로 재미있고 흥미로운 시도를 할 가능성이
생긴다." 가속이 미덕이 된 지금, 빠른 문제 해결과 결론 도달은 유일한
가치처럼 보이기도 한다. 그 과정에서 흥미로운 아이디어의 단초와
불필요한 마주침은 줄어든다. 실패하면 떨어지는 세상에서 슈뢰딩거의
고양이 같은 시도를 좇기는 어렵기 때문이다. 그럴수록 상상력은
축소되고 성공의 알고리즘이 되풀이된다. 에러를 원천 봉쇄하는 시대는
인공지능처럼 생각하는 인간을 원하고 있을지 모른다.

FORESIGHT 지난한 길

과학과 기술뿐 아니라 도시 계획과 예술, 저널리즘의 영역에서도
인공지능은 분명히 인간의 영역을 '축소'하고 있다. 양적인 측면에서의
이야기가 아니다. 최근 악시오스의 비주얼 저널리스트들은 달리2와
뉴스 일러스트레이트에 관한 이야기를 나눴다. 그들의 결론은 이미지
생성 AI가 창의적인 문제 해결 프로세스를 만들 수 없다는 것이었다.
인간과 인공지능의 원활한 협업을 위해서는 문제를 보고 공통의
믿음을 형성하는 인간이 필요하다. 잠시 눈을 돌려 한국의 상황을
보자. 교육부가 초·중·고등학교에 코딩 시험을 도입하겠다고 하자
수많은 사교육 업체가 들썩였다. 전문가들은 아이들을 코딩 기능인으로
키우는 것이 아닌 미래의 관점을 보는 교육이 필요하다고 입을 모았다.
2018년, 융합적 상상력을 갖춘 과학도를 양성하겠다며 서울대학교
교수직을 내려놓고 포스텍으로 거처를 옮긴 송호근 교수는 최근
학과 중심주의에 가로막혀 사표를 냈다. 진보하기 위해서, 상생하기
위해서 어쩌면 세상에게는 조금 지난한 길이 필요할지 모른다. 이 길은
빠르거나 매끈하지는 않을 지라도 결국 인간만이 걸을 수 있는 길이다. ☂

  더 많은 이야기는 복저널리즘 라디오에서 만나요!

'심심한 사과'를 '지루한 사과'로 오해하는 해프닝이 문해력 논란으로
번졌다. 반복되는 문해력 논란을 바르게 읽으면 세대 갈등이 보인다.
세대 갈등을 해결할 열쇠는 과연 디지털 문해력 교육인가.
__ 정원진 에디터

BACKGROUND 심심한 사과

• 심심한 사과가 지루한 사과가 됐다. "심심한 사과의 말을 전한다"는 사과문이 온라인상에서 문해력 논란을 불러왔다. '심심(甚深)'은 매우 깊고 간절하게 마음을 표현한다는 뜻이다. 이를 '지루하다'는 의미로 오해한 누리꾼은 사과가 적절치 못하다는 문제를 제기했다. 언론은 '심심한 사과' 논란을 조명하며 젊은 세대의 문해력이란 의제를 다시 띄웠다.

• '심심' 이전에 많은 단어들이 있었다. 2019년엔 '명징'과 '직조', 2020년엔 '사흘', 2021년엔 '금일'과 '무운'이 문해력 논란을 촉발했다. 4년째 같은 논의가 반복되는 건 우리가 사회 현상을 오독하고 있기 때문이다. 이제는 이 심심한 논의에 마침표를 찍을 때다.

사흘은 3일, 금일은 오늘, 무운은 '무인에게 비는 운'이란 뜻이죠!

NUMBER 75퍼센트

문해력 논란이 일 때마다 언론은 실질 문맹률 75퍼센트라는 수치를 강조한다. 우리나라 산문 문해력, 수량 문해력은 OECD 평균이었다. 언론이 인용하는 실질 문맹률 75퍼센트는 문서 문해력에 한정된 수치다. 큰 숫자는 쉽게 사람들의 관심을 산다. 75퍼센트가 가리고 있는 건 이뿐 아니다. 이 조사가 2001년에 진행된, 다시 말해 21년이나 지난 자료라는 사실도 가리고 있다. 문해력 측정 기준은 다음과 같다.

- 산문 문해력 ; 시, 소설, 기사 등 줄글을 읽는 능력

- 문서 문해력 ; 도표가 포함된 공문, 보고서 등을 해석하는 능력

- 수량 문해력 ; 금전 출납, 대출 이자 계산 등 숫자를 이해하고 계산하는 능력

ⓒ사진: Vishwarajsinh Rana

ANALYSIS 문서의 시대? 디지털 시대!

그렇다면 문서 문해력의 문맹률이 유독 높은 이유는 뭘까? 언론은
왜 이 자료를 인용할까? 답은 한자어에 있다. 디지털이 발달하기
전엔 문서의 시대였다. 일상 속 모든 업무는 문서를 통해 처리했다.
공공 기관에서도 회사에서도 마찬가지였다. 그리고 공적인 문서엔
표준어를 쓰는 것이 사회적 합의였다. 한자어는 곧 기득권의 언어였다.
국립국어원에 따르면 '표준국어대사전' 전체 44만여 개의 단어 가운데
한자어는 57퍼센트를 차지한다. 자연스럽게 문서에 한자어가 많이
쓰일 수밖에 없다. 하지만 문서의 시대는 지났다. 디지털 시대로
전환하며 문서라는 전통의 틀에서 벗어났다. 짧은 글로 그림으로
영상으로, 문서가 아니어도 쉽게 정보를 얻을 수 있다. 디지털 세대에게
한자어는 몰라도 되는 것이 됐다.

자주 쓰이지 않으니 한자어를 터득하는 속도가 늦어진 거군요

CONFLICT 언어 주도권 싸움

언어는 기존 사회의 가치와 질서를 담는다. 또 끊임없이 생성되고
사라진다. 사회의 가치와 질서가 변하면 언어도 변한다. 디지털
시대에서 한자어는 주목받지 못한다. 한자어가 편한 기성세대는 한자어
교육을 확대해야 한다고 말한다. 그리고 쉽고 편리한 디지털 문법에
익숙한 세대는 기득권의 단어를 강요하는 게 문제라고 지적한다.
신지영 고려대학교 국어국문학과 교수는 저서《언어의 줄다리기》에서
언어 표현의 줄다리기는 사실 이데올로기의 충돌이라고 설명한다. 결국
문해력 논란은 언어의 줄다리기, 즉 언어를 둘러싼 세대 간 주도권
싸움이다.

©사진: jean wimmerlin

REFERENCE 귀남이

한 단어를 놓고도 세대 간의 해석이 달라진다. 중앙일보는 밀레니얼
사전을 통해 새로운 세대의 언어를 소개한다. 그 예가 '귀남이'다.
귀남이는 4050세대에겐 귀한 아들, 1020세대에겐 빌런이다. 1990년대
초 방영된 MBC 드라마 〈아들과 딸〉엔 이란성 쌍둥이가 등장한다.

아들은 귀남, 딸은 후남이다. 이름에서 느낄 수 있듯, 귀남이는 남아
선호 사상이 깊은 집안에서 귀하게 대접받는다. 즉, 과거의 귀남이는
귀한 아들을 뜻했다. 반면 요즘은 귀남이 하면 〈지금 우리 학교는〉 속
빌런을 떠올린다. 지금 통용되는 '귀남이'의 의미는 힘이 어느 곳으로
기울었는지 말해 준다. 이제는 기성세대가 새로운 '귀남이'의 뜻을
배워야 하는 시대가 됐다.

밀레니얼 사전, 세대를 이해하려는 노력일까요?

EFFECT 문해력 논란

기성세대로선 판을 뒤집을 무언가가 필요했다. 전통 언론은 기성세대가
쥐고 있다. 2012년 국제성인역량조사(PIAAC)에 따르면, 한국의
16~24세 청년의 문해력 수준은 OECD 국가 중 최상위권에 해당한다.
반면, 45~54세 문해력은 하위권, 55~65세 문해력은 최하위권에
속한다. 2001년 조사와 2012년 조사는 완전히 엇갈리고 있다. 언론은
전자를 택했고, 젊은 세대의 문해력 논란을 이용해 기울어진 힘을 다시
되돌리려 했다.

RISK 디지털 문해력

결과적으로 우리는 문해력 부족 사회가 맞다. 디지털 문해력에
한정해서 보면 말이다. 언론이 '심심한 사과' 논란을 만든 배경, 즉
세대 갈등을 읽어내지 못한 우리 사회 전체의 문해력 부족이다. 실제로
세대를 막론하고 디지털 문해력에서 낮은 수치를 보이고 있다. 디지털
문해력이란 온라인 정보를 비판적으로 수용하고, 취합한 정보를 활용해
더 생산적인 결과물을 만들어 내는 능력이다. 만 15세에 해당하는 한국
학생의 디지털 문해력은 OECD 회원국 중 하위권이다. 디지털 기기에

익숙하지 않은 중장년, 노인층의 디지털 문해력은 오랜 화두였다. 미디어의 정보를 비판적으로 수용하지 않고, 세대별로 각자 유리한 대로 해석하는 필터 버블 시대에 우리는 살고 있다.

INSIGHT 언어가 만나는 공간

필터 버블은 기성세대와 젊은 세대의 언어를 분리한다. 정보통신정책연구원의 〈세대별 SNS 이용 현황〉 6월 보고서를 보자. 베이비붐 세대는 네이버밴드, X세대는 페이스북·카카오스토리, 밀레니얼 세대와 Z세대는 인스타그램을 주로 이용하는 것으로 드러났다. 서로 다른 플랫폼에서 각자만의 언어 문화를 만들고 있는 상황이다.

 세대 별로 구독하는 유튜브 채널도 완전 다르잖아요

FORESIGHT 새로운 언어는 코딩?

'2022 개정 교육 과정' 시안에 포함된 코딩 교육 의무화가 논란을 불러왔다. 코딩은 컴퓨터의 언어다. 디지털 세대에게 중요한 역량이지만 지금 이어지는 언어의 줄다리기를 해결하지 못한다. 반복되는 문해력 논란은 결국 각자만의 언어에 갇힌 세대 불통이다. 언어는 나누면 나눌수록 닮아간다. 공통의 언어를 만들 수 있는 공간이 사실상 없다는 건 언어의 줄다리기가 계속 이어질 거란 예고기도 하다. 이 사실을 읽어 내지 않는 한, 언어의 줄다리기는 끝나지 않을 것이다. ⓣ

  더 많은 이야기는 북저널리즘 라디오에서 만나요!

튀르키예가 우크라이나 전쟁의 중재자를 자처하고 있으며
중동과도 관계 개선에 나섰다. 러시아와 미국, 이스라엘, 아랍 국가,
유럽연합(EU)과 나토(NATO)까지 복잡한 관계를 자랑한다. 속내를
알 수 없는 튀르키예는 대체 어떤 나라이며 이들은 지금 무엇을 하려
하는가? __ 이현구 에디터

DEFINITION 튀르키예

개그맨 이용진이 진행을 맡은 유튜브 시리즈 '터키즈 온 더 블럭'은 지난 2022년 6월, 터키가 자국 국호의 영문 표기를 '튀르키예(Türkiye)'로 바꾸는 것을 유엔(UN)이 승인하자 프로그램 이름을 '튀르키예즈 온 더 블럭'으로 교체했다. 영국 주간지 《이코노미스트》는 튀르키예의 표기 변경을 두고 "지도자가 국가의 이야기를 통제하기 원하기 때문"이라고 분석했다. 튀르크족을 지칭하는 '튀르크(Türk)'는 '강한 민족'이라는 뜻이다. 레제프 타이이프 에르도안(Recep Tayyip Erdoğan) 대통령이 바라보는 튀르키예는 강한 나라고 강해야 하는 나라다. 겁쟁이를 비유하는 '터키(Turkey)'일 수 없었다.

©사진: Suzy Brooks

 튀르키예에서는 칠면조를 '힌디(hindi)'라고 부른대. 재밌지?

EFFECT 다크 나이트

지금 이 순간 튀르키예를 알아야 하는 것은 이들이 국제 외교 무대의 와일드 카드이기 때문이다. 이들은 나아가 러시아-우크라이나 전쟁의 마침표를 찍으려 한다. 에르도안 대통령은 이제껏 친러로 비판받아

왔으며 서방 세계는 러시아가 튀르키예를 통해 제재를 회피한다며
비판해 왔다. 비난과 위협 속에서도 에르도안 대통령은 지난 8월 18일
우크라이나 르비우(Lviv)로 첫 방문을 해 '자포리자 원전 문제를 푸틴
러시아 대통령과 논의할 것'과 '우크라이나의 전후 재건 지원' 등을
약속했다. 중재자 역할은 에르도안이 처음이 아니다. 그러나 중재를
자처했던 이들은 모두 실패했다. 튀르키예는 비난 속에서 평화를
수호하는 다크 나이트가 되려고 한다.

프랑스, 핀란드, 바티칸, 오스트리아, 이탈리아도 대실패

STRATEGY 공동조정센터 JCC

에르도안 대통령의 자신감이 허언이 아닌 이유가 있다. 러시아-
우크라이나 전쟁으로 세계는 올 상반기 식량 인플레이션을 경험했다.
우크라이나는 밀, 보리, 옥수수, 해바라기유 등의 주요 수출국이다.
유엔식량농업기구(FAO)가 발표하는 세계식량가격지수(FFPI)는
지난 2014~2016년의 평균치 100을 한참 넘어 지난 5월 157.9까지
기록했고, 곡물가격지수(CPI)는 173.5까지 치솟은 바 있다. 신음하던
세계의 숨통을 트이게 한 것은 튀르키예였다. 튀르키예의 수도
이스탄불은 '공동경비구역 JSA'가 돼 줬다. 현지시간 7월 22일
우크라이나와 러시아, 튀르키예, 유엔 등 4자 대표는 이스탄불
돌마바흐체 궁전에서 우크라이나 곡물의 흑해 수출을 재개하는 협정에
서명했다. 같은 달 27일, 우크라이나 곡물 수출을 총괄 관리하는
공동조정센터(JCC)가 문을 열었다.

CONFLICT 대혼돈의 멀티버스

다크 나이트가 되려는 튀르키예는 이제껏 수많은 세력 다툼 속에서 박쥐와 같은 모습을 보였다. 우리나라가 지정학적 이유로 미-중 갈등과 더불어 동북아 외교에만 몰두하는 사이 튀르키예는 그야말로 대혼돈의 멀티버스를 경험해 왔기 때문이다. 튀르키예는 소련의 오랜 대항마이자 나토의 일원이지만 언제부턴가 친러 국가로 분류되고, 세속주의 국가이지만 이스라엘-팔레스타인 분쟁 및 시리아 내전에 개입하고 있으며, 러시아를 상대하면서도 쿠르드족 문제로 스웨덴과 핀란드를 겁박한다. 미국과 러시아 사이에서는 무기 구매를 두고 줄타기 외교를 하며 실리를 챙기고 있다. 이들이 국제 무대에서 이단아로 취급받는 이유다. 이들의 정체성은 무엇인가?

©사진: Meg Jerrard

튀르키예는 대체 어느 편이야.?

RECIPE 세속주의, 근데 이제 이슬람을 곁들인

• 튀르키예는 지리적으로 중동과 유럽을 잇는 서아시아의 통로다. 동서양의 정서가 공존하고 다양한 문화가 녹아든 다문화 사회다.

서구의 영향으로 대중문화가 발달했다. 평균 연령은 32세로 젊은이의
비율이 높은 나라다.

• 역사적으로는 반기독교의 토대 위에 있지만 국교가 없는 세속주의
국가다. 그런데 무슬림의 비율은 2021년 기준 무려 99.2퍼센트를
자랑한다. 물론 이는 통계상의 수치다. 터키인 대다수는 관습적으로
자신을 무슬림이라 말하기 때문이다. 굳이 분류하자면 순니파 계열이
많다. 사우디아라비아 등 순니파 이슬람 국가들은 이제껏 튀르키예가
세속주의 국가라 거리를 둬 왔지만 이들에겐 공동의 적이 있다. 하나는
시리아 내전에서 튀르키예, 러시아와 맞불을 놓고 있는 시아파 맹주
이란이고 하나는 비아랍 국가 공통의 원수 이스라엘이다. 튀르키예는
이러한 권력 지형에서 이도 저도 아닌 독특한 정체성을 가진다.

• 국가 단위를 넘어 튀르크 민족으로 보면 중앙아시아, 서아시아,
중동 등에 다양하게 분포해 있다. 전성기인 16~17세기에 서아시아
및 아프리카, 남동유럽까지 맹위를 떨친 오스만 제국의 후예들이다.
언어와 민족적 동질성은 이들을 '튀르크어사용국기구(Organization
of Turkic States·OTS)'로 묶어 냈다. 튀르키예를 필두로 카자흐스탄,
아제르바이잔, 우즈베키스탄, 키르기스스탄 등이 참여한다. 지난
2009년 10월에 설립된 '튀르크 평의회(Turkic Council)'가 발전된
형태다. 이들은 튀르크계가 대부분인 위구르족의 분리 독립을 자극할
수 있어 중국에도 위협적이다.

KEYPLAYER 에르도안과 케말, 귈렌

튀르키예의 독특한 정체성에는 지도자의 영향이 크다. 에르도안

대통령은 총리가 된 2003년부터 장장 19년을 집권하고 있는 독재자다. 국부로 여겨지는 초대 대통령 무스타파 케말 아타튀르크가 정교분리를 통해 세속주의 국가를 만들고 나라를 서구화했지만 에르도안 대통령은 개헌을 통해 장기 집권의 토대를 만들었다. 그가 몸담은 정의개발당(AKP)을 함께 이끌던 펫홀라흐 귈렌은 에르도안 대통령의 아들 비리 수사 문제로 정적(政敵)이 됐다. 귈렌은 반세속주의이자 온건한 이슬람주의를 주장하는 '귈렌 운동(Gülen Hareketleri)'을 이끌고 있다. 이 핵심 인물들을 통해 지금의 멀티버스가 완성됐다.

• 케말주의의 반작용으로 현대 이슬람 근본주의의 본산인 '무슬림 형제단'이 탄생했다.

• 튀르키예 정계의 역사는 세속주의와 이슬람주의 계파의 갈등이었다. 같은 이슬람주의 계파지만 여기서 에르도안의 강경 노선과, 종교의 자유를 주장하는 귈렌주의가 나뉜다.

• 독재가 필요한 에르도안 대통령이 이슬람 포퓰리즘과 민족주의인 '신오스만주의'를 부채질하는 바람에 튀르키예는 대외적 성과가 필요해졌다. 잦은 국제 무대의 개입과 더불어 국가 이름마저 바꿔 국민의 염원을 이뤄 준 이유다.

펫홀라흐 귈렌 ©사진: VOA

 귈렌파, 에르도안파, 케말주의의 삼파전이라니!

에르도안의 튀르키예는 푸틴의 러시아를 모방하고 있다. 푸틴 대통령 역시 정교회와 러시아 제국주의, 범슬라브주의 등을 자신의 권위주의 정권을 받칠 사상적 토대로 삼았다. 러시아 국민에게 민족 갈등으로 여겨지는 우크라이나를 들쑤셔 미국과 중국 중심의 세계 질서에 현상 변경까지 이뤄 내는 두 마리 토끼를 잡았다. 실패한 러시아와 달리 튀르키예는 신중하다. 섣불리 현상 변경을 시도하지 않으며 국제 관계에서 서서히 실리를 취하는 방법을 택했다. 그러나 에르도안 대통령의 권위주의는 안전하지 않다.

MONEY 리라랜드

튀르키예의 통화인 '리라화'는 무너지기 일보 직전이다. 리라화 가치는 2021년 12월 기준 달러당 15.25리라를 기록했다. 계속된 기준 금리의 인하 때문이다. 현재 튀르키예의 물가 상승률은 80퍼센트에 육박하지만 에르도안 대통령은 기준 금리를 기존 14퍼센트에서 13퍼센트로 1퍼센트포인트 인하했다. 최저 임금을 지난해 대비 50퍼센트나 올렸지만 아무도 웃지 않는다. '먹고사니즘'이 지도자를 언제든 갈아치울 수 있는 시대다. 내년 총선을 앞둔 에르도안 대통령은 통화 정책 딜레마에 빠졌다. 외교는 에르도안 대통령의 유일한 탈출구다.

• 리라화 폭락은 에르도안 정부의 실패한 경제 정책과 이슬람주의에 기인한다.

• 이자 놀음을 경계하는 이슬람주의적 성향으로 에르도안 대통령은
중앙은행에 금리 인하를 강요해왔다.

• 거기에 미-중 갈등으로 외국 자본과 기업의 탈중국을 예상하고
리라화의 가치를 낮게 유지해 투자를 유인하는 정책을 폈다. 중국이나
인도 시장의 대체재를 의도한 것이지만 자승자박이 됐다.

©사진: Tomasz Czajkowski

RISK 안전한 도박판은 없다

에르도안 대통령의 외교적 도박은 영화 〈타짜〉의 조연 평경장의 대사를
떠올리게 한다. 이 세상에 안전한 도박판은 없는 법이다. 에르도안
대통령은 보험을 들기 시작했다.

• 튀르키예는 현지시간 8월 17일 이스라엘과 양국 관계를 정상화했다.
튀르키예는 팔레스타인 무장 정파인 하마스를 지원한다. 2018년에는
주(州)이스라엘 미국 대사관을 텔아비브에서 국제법상 주인이 없는
예루살렘으로 이전하는 문제로 이스라엘과 갈등이 커져 서로의 대사를
추방했다.

• 4년의 갈등은 두 나라의 국제적 고립 탈피, 경제 회복, 이란의 군사 도발에 대한 공동 대응이라는 이해관계의 합치로 봉합됐다. 이스라엘은 2020년 8월, 아랍에미리트(UAE)와 함께 '아브라함 협정'을 맺으며 아랍 국가의 관계를 강화하고 있고 튀르키예 역시 이 흐름에 올라탄 것으로 보인다.

• 다만 이란과 러시아, 미국과 아랍 연대 사이에서 튀르키예는 조심스러운 무게추다. 이란과 미국의 핵 협상이 성공적으로 타결되지 않는다면 튀르키예는 판돈을 잃는 것도 모자라 손목을 내줘야 할 수 있다.

INSIGHT 오스만의 추억

튀르키예는 자국과 우호적인 국가를 모두 '형제의 나라'로 부른다. 다만 튀르키예는 동생이 될 생각이 없다. 한때 돌궐, 오스만 제국으로 주변국을 호령하던 추억은 지금의 튀르키예가 가진 마지막 자존심이다. 튀르키예의 최근 행보에서는 우크라이나 전쟁의 해결사가 되면 그간 줄타기 외교로 생긴 리스크를 일소할 수 있다는 기대가 보인다. 전투기 구매를 두고 갈등이 발생한 미국과, 친러 행보로 갈등을 빚어온 나토 및 EU 국가들과 관계를 개선할 수 있다. 그러나 국내의 경제 위기는 현재의 기조로는 해결이 어렵다. 중동의 맹주가 되려는 은밀한 꿈 역시 경제 위기 돌파를 위한 아랍 국가의 일시적 단결에 그치고 있다. 시리아 내전과 미-러 관계에 발을 걸친 이란이라는 위험한 변수 역시 상존한다. 튀르키예는 이 모든 문제를 오로지 에르도안 대통령의 외교 수완 하나로 풀어야 하는 숙제를 안고 있다.

하지만 왠지 기대를 걸어보고 싶은 마음이라구?

튀르키예는 고담시 같은 국제 관계의 수호자가 될 것인가? 사실 튀르키예는 조커에 더 가깝다. 튀르키예는 외교 무대의 혼돈을 야기하는 조커이자 균형추와 같은 트럼프 카드덱의 조커이며 와킨 피닉스(Joaquin Phoenix)가 연기한 영화 〈조커(Joker)〉와 같은 상태다. 일촉즉발의 외교 쇼가 빛을 발하려면 타이밍이 중요하다. 우크라이나는 빼앗긴 영토의 완전 수복을 원하고 러시아는 이란과 중국을 통해 경제 제재를 회피하고 있으며 미국은 우크라이나에 계속 무기를 지원하고 있다. 아직까지 에르도안 대통령에게는 이 모든 열강의 이해관계를 충족할 만큼의 묘수는 보이지 않으며 이 위기를 견딜 국력이 없다는 점에서 다소 회의적이다. 다크 나이트의 조커는 와이어에 매달린 것을 끝으로 결말이 나오지 않는다. 튀르키예의 운명도 열린 결말이다. ㅌ

톡스에서 내 일과 삶을 변화시킬 레퍼런스를 발견해 보세요.
사물을 다르게 보고 다르게 생각하고 세상에 없던 걸 만들어 내는
혁신가를 인터뷰했어요.

취향의 시대다. 무엇을 먹고 입고 읽는지는 나를 표현하는 수단이 됐다.
책이 가진 무한한 이야기를 취향과 엮는 브랜드를 만났다. 아크앤북은
취향이 없는 대형서점과 취향만 있는 독립책방 사이에서 새로운
정체성을 만들어가고 있다고 말한다. 최근엔 온라인몰을 론칭하며,
온오프라인의 경계마저 허물고 있다. 아크앤북 신촌점에서 김명준
기획운영팀장과 취향의 시대에 관한 이야기를 나눴다.
__ 정원진 에디터

서점은 사양 산업인가.

오프라인 서점의 매출은 급감은 아니어도 매년 하락세를 보이고 있다.
하지만 사양 산업이라 하기엔 이르다. 판매 채널이 오프라인에서
온라인으로 가는 과정이라 볼 수 있다. 서점 수는 오히려 늘었다.
서점을 방문하는 사람들의 목적이 바뀌었다는 것을 뜻한다. 사람들은
이제 서점에서 책만 찾지 않는다. 취향도 같이 찾는다.

아크앤북은 서점인가.

책과 라이프 스타일이 결합된 복합 문화 공간이다. 일상, 주말, 스타일,
영감, 이렇게 네 가지 테마로 책과 굿즈를 큐레이팅하고 있다.

아크앤북 잠실점 ⓒ사진: 아크앤북

네 가지 테마로 책을 나누는 이유가 궁금하다.

대형서점은 한국십진분류법에 기반한 획일적인 카테고리로 진열하고
있다. 10여 가지 카테고리로만 나누기엔 책이 품고 있는 이야기가

너무나 거대하다. 아크앤북은 네 가지 테마 안에서 카테고리를 재조합한다. 카테고리의 경계를 넘나드는 과정에서 사유가 발생하고, 책이 가진 이야기도 확장한다.

네 가지 테마가 어떻게 연결되는지 궁금하다.

아크앤북에서 만나는 이야기는 반복되는 일상 속 기대감이 될 수도 있고, 주말과 같은 일탈이 될 수도 있다. 또 유행을 선도하는 것이 될 수도 있고, 가만히 머물며 생각하는 것일 수도 있다. 각각의 이야기가 일상, 주말, 스타일, 영감이란 테마로 묶인다.

대형서점엔 없는 큐레이션은 독립책방에 있지 않나. 아크앤북의 차별점은 무엇인가.

지금의 독립책방은 주인장의 취향이 담긴 큐레이션을 보러 가는 곳이다. 이는 대형서점의 늘 같은 리스트업이 아닌 새로운 책에 대한 수요라고 볼 수 있다. 그렇다고 또 취향에만 치중하면 지속 가능하지 않다. 결국 서점은 책을 판 수익으로 운영되는 공간이기 때문이다. 서점이 취향을 파는 공간이 된 것이 아니라, 책을 파는 서점이란 공간이 취향의 영역으로 확장된 것이다.

아크앤북에 들어서면 잘 절충된 취향이 느껴진달까요

서점업에 대한 이해가 깊은 것 같다.

대형서점에서 일했었다. 작가가 책에 대해 공부하듯, 기획자로서

서점이란 공간에 대해 이해해야 했다. '어떻게 해야 책을 많이 팔 수 있을까' 라는 생각으로 책에 접근한다.

<u>밖에서 볼 땐 서점은 크게 바뀌지 않는 것 같다. 안에서 볼 땐 어떤가.</u>

나름의 흐름이 있다. 한때 대형서점 사이에서 백화점 입점하는 것이 유행했다. 오프라인 매출은 하락세인 상황에서 오프라인 서점이 경쟁적으로 늘어났다. 서점업은 포화 상태가 됐다. 어느 정도 한계에 닿았을 때 등장한 새로운 방향성은 로컬이었다. 독립책방의 유행이 시작됐다. 서울 근교 서점은 다 가봤고, 제주도에 책방 투어를 다녀오기도 했다. 제주도에만 서점이 100개가 넘는다.

지금은 문을 닫은 아크앤북 성수점 ©사진: 아크앤북

<u>독립책방에서 서점업의 미래를 찾은 건가.</u>

독립책방이 가지고 있는 콘텐츠에서 찾았다. 아크앤북의 특징 중 하나는 베스트셀러 코너가 없다는 것이다. 베스트셀러가 곧 좋은 책의 기준은 아니다. 베스트셀러는 결국 노출이 많이 되는 책을 뜻한다.

노출되기 위해서는 매대 광고, 온라인 메인 배너 광고가 중요하다. 자본력이 강할수록 유리하다는 공식이 서점업에도 적용된다. 그렇다면 베스트셀러라는 집계는 무의미하다고 생각했다. 베스트셀러 코너를 콘텐츠가 담긴 큐레이션으로 채웠다.

어떤 독자를 염두에 두고 큐레이션을 하나.

서점은 문턱이 낮은 공간이다. 누구나 방문할 수 있는 공간이기 때문에 별도의 타겟을 두진 않는다. 오히려 반대다. 독자의 취향에 큐레이션을 맞춘다. 아크앤북의 네 가지 테마를 기준으로 가족 단위 방문객들이 많은 지점은 일상·주말, 젊은 층이 많은 지점은 스타일·영감에 초점을 두는 식이다. 타겟팅보단 지역 분석을 깊이 하는 편이다.

저도 약속 시간이 비거나 심심하면 서점에 가요

김명준 팀장이 큐레이션에 대해 설명하고 있는 모습 ⓒ사진: 아크앤북

타깃이 정해져 있지 않으면, 유동 인구가 많은 지역에 집중하는 것이 유리한가.

그렇지 않다. 유동 인구라는 개념 자체가 이전과 달라졌다. 유동 인구는 절대적이지 않다. 전통적인 상권은 도심 역세권이었다. 지금은 전통적 상권이 아니어도 SNS를 통해 입소문이 나면 사람들이 알아서 찾아온다. 인스타그래머블한 콘텐츠를 만드는 것이 더 중요하다.

MD의 역할이 중요할 것 같다.

도서 MD가 별도로 있지 않다. 각 지점의 모든 스탭들이 스스로 MD라 생각하고 누구나 자유롭게 제안하고 구성할 수 있는 구조다. 매장에 상주하는 스탭들이 방문객의 취향을 제일 잘 알기 때문이다.

취향은 가변적이다. 반면 서점은 변화가 적은 공간 같은데.

흔히 책과 서점이라고 하면 조용한 공간을 떠올리는데 그렇지 않다. 매일 170권이 넘는 신간이 쏟아져 들어온다. 정리하는 것만 해도 벅차다. 그래서 신간이 들어오면 오래된 순서대로 배열하는 것이 기존의 방식이었다. 하지만 취향은 쉽게 변한다. 서점은 변화하는 취향을 파악해 콘텐츠로 연결해야 하는 치열한 공간이다. 큐레이션 기준을 정해 놓지 않고 MD에게 전적으로 맡기는 이유기도 하다.

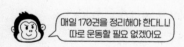

매일 170권을 정리해야 한다니
따로 운동할 필요 없겠어요

아크앤북이 추구하는 경험은 어떤 건가.

책이 있는 공간이 조용해야 한다는 건 편견일 수 있다. 서점은 치열한
사유가 오가는 공간이다. 결국 책이 있는 공간은 시끄럽게 소통하고
새로운 사유를 만나는 공간이어야 한다. 매장의 인테리어, 책의 진열
등 물리적인 공간을 넘어 이용자들의 경험을 확장하는 게 목표다. 지금
세상에서 공간의 경계를 짓는 건 무의미하다.

대표적 시도가 아크앤북 신촌점인가.

그렇다. 아크앤북 신촌점은 원래 공연장으로 쓰이던 곳에 입점해 있다.
공연장에 대한 경험을 서점으로 확장하고자 했다. 공연장의 모습을
그대로 간직하는 형태로 설계했다. 책장에 바퀴를 달아서 행사나
공연이 있으면 언제든 서점에서 공연장으로 돌아갈 수 있도록 했다.
공간이 끊임없이 바뀌는 것이 특징이다.

아크앤북 을지로점도 SNS에서 화제를 모았다. 코로나19로 문을 닫았는데 아쉬웠을 것 같다.

아치 모양 북터널로 유명한 을지로점은 아크앤북의 시그니처
매장이었다. 밖에서 볼 땐 을지로점이 곧 아크앤북의 정체성으로
여겨질 정도였다. 도서 선정 하나하나 체크할 정도로 힘을 쏟았는데
문을 닫게 돼 개인적으로 정말 아쉽다. F&B, 굿즈 브랜드 등 다양한
파트너와 함께 다시 논의 중이다. 올해 사업 계획 중 하나가 시그니처
매장을 만드는 것이다.

북터널 다시 볼 수 있으면 좋겠어요!

책 1만 권으로 만들어진 아크앤북 을지로점의 북터널 ©사진: 아크앤북

최근 온라인몰을 열었다. 혹시 을지로점이 문을 닫은 것과 관계
있나.

사실 아크앤북 오프라인 매장을 열 때부터 온라인 전략을 갖고 있었다.
3년 차에 온라인몰을 열 계획이었지만 코로나 때문에 1년 늦어졌다.

오프라인의 경험 그대로 온라인으로 확장되는 건가.

그렇다. 공간은 확장하되 이용자의 경험은 유지하기 위해 노력을
기울이고 있다. 아크앤북 오프라인 매장의 강점인 큐레이션을 온라인에
그대로 구현한다. 온오프라인이 크게 다르지 않다. 온라인 홈페이지도
오프라인 서점의 매대처럼 한정적인 공간이다. 너무 많은 것보다 꼭
필요한 것을 보여 주려고 한다. 오프라인 매대와 마찬가지로 광고 대신
큐레이션으로 채운다.

아크앤북 이태원점의 편집장 큐레이션 코너 ©사진: 아크앤북

<u>서점의 미래는 큐레이션에 있다고 보는 건가.</u>

책을 소비하는 문화가 바뀌었다. 독서 후 느낀 점을 간직하는 게
아니라 표출하는 시대다. 북스타그램이나 북토크만 봐도 그렇다. 책이
가진 이야기를 본인만의 브랜드로 연결하는 과정이라 할 수 있다.
큐레이팅은 이미 일상 속에도 스며들어 있다.

<u>본인을 나타내기에 책이 가장 대중적인 수단인 걸까.</u>

책은 수많은 단어와 글자가 조합된 물성이다. 담고 있는 콘텐츠가
무한하다. 모든 주제와 사물을 아우를 수 있다. 그런 의미에서 가장
접근성이 낮은 매체다. 아크앤북은 이런 특성을 고려해, 자신의 간단한
이야기와 책을 소개할 수 있는 공간을 온라인에 마련했다. 누구나
편집장이 될 수 있도록 했다. 이용자의 큐레이션을 오프라인 매장에

반영하면서 온오프라인의 경계를 허물어 갈 예정이다.

인스타그래머블한 아크앤북에서 한 컷 ⓒ사진: 아크앤북

앞으로의 계획이 궁금하다.

아크앤북은 온오프라인을 아우르는 문화 플랫폼이 되고자 한다. 다음 단계는 이용자가 콘텐츠를 생산할 수 있도록 돕는 것이다. 이용자 참여 큐레이션을 시작으로, 이용자가 직접 콘텐츠 생산자로 나설 수 있는 인큐베이팅 채널을 만들려 하고 있다.

서두에서 아크앤북은 서점이 아닌 복합 문화 공간이라 했다. 공간으로서 아크앤북을 다시 정의한다면?

공간의 경계가 무의미한 시대, 결국 그사이를 오가는 건 사람이다. 책과 사람이 만나면 이야기가 남는다. 아크앤북은 남겨진 이야기가 머무는 공간이다. ⓣ

왼쪽 페이지 위부터 시계 방향으로
아크앤북 현대백화점유플렉스 신촌점 ⓒ사진: 아크앤북
곡선이 두드러지는 인테리어 ⓒ사진: 아크앤북
아크앤북 김명준 기획운영팀장 ⓒ사진: 아크앤북
지금은 문을 닫은 아크앤북 성수점 ⓒ사진: 아크앤북
아크앤북 잠실점 ⓒ사진: 아크앤북
아크앤북 잠실점 ⓒ사진: 아크앤북

롱리드는 단편 소설 분량의 지식 콘텐츠예요. 깊이 있는 정보를 담아요.
내러티브가 풍성해 읽는 재미가 있어요.
세계적인 작가들의 고유한 관점과 통찰을 만나요.

어느 새부터 힙합은 안 멋져

수많은 팬들은 물론이고 척 디를 비롯한 뮤지션들이 힙합을
재편하고자 했던 이유는 간단하다. 그들은 힙합이 세상에 더욱
명확하고 선한 영향력을 갖는 장르로 바뀌기를 원했던 것이다. 이런
바람과 달리 힙합이 자랑스럽게 개혁되진 않았지만, 팬층은 꾸준히
유입됐다. 힙합은 어쩌면 미국이 세계에 선보인 가장 큰 문화적
기여이자 미국 현대 예술의 정수일지 모른다. 나쁘다는 걸 알아도
사랑할 수밖에 없는, 일종의 '길티 플레저(guilty pleasure)'로 여겨져
왔다. _ 켈레파 사네(Kelefa Sanneh)

©사진: Rolling Stone/Rex

미국의 힙합 듀오 블랙쉽(Black Sheep)이 1991년에 발표한 데뷔 앨범 〈양의 탈을 쓴 늑대(A Wolf in Sheep's Clothing)〉를 듣다 보면, 중간에 시위대가 끼어들어서 음악을 방해하는 구간이 나온다. 누군가 이렇게 말한다. "이봐, 흑인들의 지위 향상에 대한 음반을 만들어야 하는 거 아냐?" 다른 누군가는 왜 '돌고래를 먹는 행위'에 관해 침묵하느냐고 묻는다. 또 다른 사람은 "호존(hozone)에 구멍이 뚫렸다"고 말하며 환경 문제를 더러운 농담의 소재로 만들어 버리는데, 그게 의도한 것인지는 잘 모르겠다.

이러한 지적들에 대해서 블랙쉽의 멤버들은 그저 웃음을 터뜨릴 뿐이다. 힙합은 사람들로 하여금 더 많은 노랫말과 더 멋진 가사를 탐닉하게 만드는 특성이 있다. 어쨌든 블랙쉽은 뛰어난 앨범을 만들었다. 무엇을 더 바라겠는가?

힙합은 1970년대에 뉴욕의 브롱크스에서 처음 생겨났는데, 그 이후로 사람들은 줄곧 힙합에 대해서 논쟁을 벌여 왔다. 머지않아 힙합은 미국에서 가장 논쟁적인 장르가 됐다. 특이한 점은, 시간이 지나면서 힙합이 사라지거나 그 인기가 줄어들지도 않았다는 것이다. 힙합은 성공을 거뒀고, 주류의 위치에 올랐으며, 마침내 지배적인 장르가 됐다. 그러는 동안에도 이 음악은 온순하게 길들여지지 않았다. 힙합은 지난 수십 년 동안 주로 미국 전역의 가난한 흑인 거주 지역들과 각별한 관계를 맺고 있었다. 물론 흑인들만이 아니라 전 세계의 가난한 지역들에서도 특별한 의미를 갖고 있다. 이러한 연관성 때문에 힙합이라는 음악은 여러 요구를 받곤 한다. 많은 음악 팬들은 힙합이라는 장르가 정치적 의식을 가져야 한다거나 명백한 혁명성을 띠어야 한다고 생각해 왔다. 그래서 래퍼들이 주로 전달하는 메시지가 그와 불일치하거나 이해할 수 없을 때면 실망감을 표출했다.

최고의 힙합이란 도저히 거부할 수도, 저항할 수도 없는 것으로 여겨지는 경우가 많다. 팬들은 물론이고 때로는 래퍼들 스스로도 그렇게 생각한다. 그러나 힙합 내부 관계자들은 물론이고 아무 관련이 없는 사람들도 이 장르가 뭔가 심각하게 잘못됐다고 생각할 때가 많다. 그 문제가 정확히 무엇인지에 대해서 언제나 의견이 일치하진 않는다고 해도 말이다. 그리고 래퍼들은 끊임없이 무언가를 말하면서 스스로를 곤경에 빠트리는 경향이 있다.

힙합이란 장르가 리스펙트(respect)에 대한 강박에도 불구하고 크게 성공하며 지금까지 살아남을 수 있었던 이유는, 그들이 스스로 귀감(respectability)이 되어야 한다는 부담감을 떨쳐 냈기 때문이다. 장난스럽고 오만한 태도에도 불구하고, 블랙쉽의 멤버들도 변화하는 힙합의 체계 내에서 자신들이 어떤 위치인지 의식하고 있었다. 이것은 이상한 현상이 아니었다. 때로는 랩을 한다는 행위가 스스로를 의식하게 만들기도 하기 때문이다.

일반 가수들은 정형화된 것이든 그럴싸하게 꾸며 낸 것이든 선율 아래 자신의 메시지를 감출 수 있다. 그러나 래퍼들은 스스로를 더욱 드러낼 수밖에 없다. 그들의 표현 방식이 일상적인 말투에 훨씬 더 가깝기 때문이다. 그래서 래퍼들은 수많은 시간을 들여서 자신이 누구인지, 자신이 하는 것이 무엇인지, 그리고 그들이 사람들의 주목을 받아야 하는 이유가 무엇인지를 설명한다. 비슷한 이유로 래퍼들은 자신을 비판하는 사람들과도 더욱 적극적으로 설전을 벌인다. 사회적인 지위를 걱정해야 하는 가수들은 그렇지 않다. 왜냐하면 그들의 바로 그 사회적 지위가 그들의 발언권과 그들 말에 대한 신뢰를 부여하기 때문이다.

1992년, 블랙쉽의 멤버이자 프로듀서인 미스타 롱(Mista Lawnge)은 힙합 씬의 유서 깊은 잡지 《소스(Source)》와 인터뷰를 했다. 그는 지나치게 많은 힙합 그룹이 '메시지' 지향적인 음악에 대한 요구를 충족시키려 혈안이 되어 있다며 불만을 드러냈다. "어떤 음악 장르가 교훈을 줘야만 한다고 생각하는 사람은 아무도 없습니다. 랩 음악도 굳이 사람들을 가르쳐야 할 필요가 없어요." 힙합도 당연히 엔터테인먼트다. 그렇지만 컨트리 음악이나 알앤비(R&B), 심지어 로큰롤 같은 여타의 엔터테인먼트보다 뭔가 더 대단한 걸 제공해야 한다는 요구를 받는 경우가 많다.

ⓒ사진: Al Pereira

길티 플레저

앞서 소개한 블랙쉽의 앨범에 끼어들어 "호존(hozone)"에 대해 불평한 가짜 시위대는 힙합 씬에서 오랫동안 영향력을 발휘하고

있는 어떤 그룹을 떠오르게 한다. 바로 1980년대 말에 결성된 퍼블릭
에너미(Public Enemy)다. 퍼블릭 에너미는 전투적이면서도 정치적으로
올바른 힙합의 형태를 가다듬었다. 이들의 음반은 랩이라는 것을
진지한 사회 활동처럼 보이게 만들었다. 밥 딜런(Bob Dylan)이
가수들은 진실을 말해야 한다는 생각을 널리 퍼트리는 데 일조했던
것처럼, 퍼블릭 에너미도 래퍼들은 혁명가가 되어야 한다는 생각을
확산시켰다.

　　퍼블릭 에너미의 척 디(Chuck D)는 음악 팬들이 힙합이라는
장르를 미국에서 가장 험난한 지역에서 살아가는 사람들의 현실과
아프리카계 미국인들이 겪어온 중대한 역사에 대한 진지한 성찰로
받아들이기를 원했다. 척 디는 1988년에 잡지 《스핀(Spin)》과의
인터뷰에서 이렇게 말했다. "랩은 미국 흑인들의 TV 방송국입니다.
젊은 흑인들이 체감하는 진짜 현실을 전달해 주는 유일한 매체는 바로
랩 음반입니다."

　　힙합을 옹호하는 입장에서는 이러한 설명이 효과적일 수도
있다. 랩 음반은 쓸데없다거나 심지어 해롭기까지 하다고 말하는 모든
사람들을 상대로 반박하는 하나의 논리가 될 수 있기 때문이다. 그러나
음악을 분석하는 입장에선 이러한 주장은 타당하지만은 않다. 이런
의식을 갖는다고 해서 힙합의 사운드가 더욱 흥미로워지는 건 아니다.
무엇보다 힙합이 언제나 진실을 말해 왔던 것도 아니기 때문이다.
랩이라는 것이 무언가에 대한 고발이라기보다는 그저 헛소리에 불과한
경우도 많았다. 오히려 힙합이 지속적으로 성장할 수 있었던 것은
그들이 수십 년 동안이나 끈질기게 유별난 즐거움을 고집해 왔기
때문이었다.

　　수많은 팬들은 물론이고 척 디를 비롯한 뮤지션들이 힙합을
재편하고자 했던 이유는 간단하다. 그들은 힙합이 세상에 더욱

명확하고 선한 영향력을 갖는 장르로 바꾸기를 원했던 것이다. 이런 바람과 달리 힙합이 자랑스럽게 개혁되진 않았지만, 팬층은 꾸준히 유입됐다. 힙합은 어쩌면 미국이 세계에 선보인 가장 큰 문화적 기여이자 미국 현대 예술의 정수일지 모른다. 그러나 힙합은 탄생 이래 나쁘다는 걸 알아도 사랑할 수밖에 없는 것으로, 일종의 '길티 플레저(guilty pleasure)'로 여겨져 왔다.

퍼블릭 에너미는 놀라운 성공을 거뒀다. 너무나도 성공적이었기에 힙합이 무엇을 해야 하는지, 그리고 사운드는 어떠해야 하는지에 대한 대중적인 인식을 바꿔 놓을 정도였다. 이들은 롱아일랜드에서 결성됐으며, 척 디의 위압적인 목소리와 전투적인 분위기가 특징이었다. 그룹이 데뷔했을 당시 그의 나이는 26살로 비교적 많은 편이었다. 시끌벅적한 힙합 씬에서 이러한 진지함은 그를 독특하게 만들어 줬다. 그룹의 대표곡인 '권력에 맞서 싸워라(Fight the Power)'는 스파이크 리(Spike Lee) 감독의 영화 〈똑바로 살아라(Do the Right Thing)〉에 삽입됐는데, 이 노래의 뮤직비디오 역시 스파이크 리 감독이 찍은 것이다. 해당 뮤직비디오를 보면 이들은 1989년 4월에 뉴욕의 브루클린에서 정치적 행진을 주도하며 "저항하라"는 보편적인 슬로건을 반복해서 외치고 있다. "우리는 권력자들에게 맞서 싸워야 한다."

많은 음악 팬들에게 있어서 퍼블릭 에너미는 이상적인 힙합 그룹이었다. 분노가 들끓었고 정치적으로 활동적이었으며 길거리를 행진하며 변화를 촉구했다. 그러나 사실 퍼블릭 에너미는 특이한 사례였다. 노골적으로 정치적인 발언들은 계속 있었지만, 힙합이라는 장르가 발전하는 데 있어서 그 발언들의 기여는 상대적으로 미미했다. 그럼에도 불구하고 1980년대 말부터 힙합 팬뿐만 아니라 외부자들까지도 힙합 장르가 정치적인 본질을 되찾아야 한다고

생각했다. 퍼블릭 에너미가 남긴 유산이자, 어느 정도의 희망적인
생각들이 모여서 나타난 결과이기도 하다. 예술은 일종의 환상을
만들기도 한다. 예를 들어 랩은 상당히 그럴듯한 연설처럼 들릴 수
있다. 특히 척 디처럼 깊은 공감을 불러내는 목소리라면 더욱 그렇다.

　　그러나 힙합이 이후에도 계속해서 거뒀던 성공의 상당 부분은
래퍼들의 특별한 능력 덕분이라고 할 수 있다. 그들은 사람들이
노랫말에 대해 특별히 생각하지 않더라도 곡 전체가 그냥 '들리게'
만들 수 있기 때문이다. 가사의 내용이 얼마나 전투적인지와는 별개로
말이다.

©사진: Michael Ochs Archives

신뢰할 수 없는 우군

90년대 초, 미국 연방지방법원의 어느 판사는 마이애미 출신의
투 라이브 크루(2 Live Crew)가 1989년에 발표한 〈그들이 원하는
만큼 추잡한(As Nasty As They Wanna Be)〉이라는 앨범이 "더러운
생각들"을 자극하기 위해 만들어졌다고 판단하면서 "사회적으로
고려할 만한 가치가 전혀 없다"고 판결했다. 그럼에도 불구하고 이
앨범을 판매해야 한다고 주장했던 레코드 가게 주인이 1990년 6월에

체포됐다. 곧이어 이 그룹의 멤버 세 명도 해당 앨범에 수록된 곡들을 연주한다는 이유로 체포됐다. 그들 모두가 무혐의로 풀려나긴 했지만, 덕분에 투 라이브 크루는 미국에서 가장 유명한 힙합 그룹 가운데 하나가 됐다. 아무튼 이 사건은 절대로 결론이 나지 않는 인종 및 성별에 대한 논쟁에 다시 한번 불을 지폈다.

당시 펑크 록에 심취해 있던 나는 투 라이브 크루의 사건에 대해 자세히 관심을 기울이지는 않았다. 펑크 록은 기존의 관습에 저항하며 전혀 다른 종류의 전율을 안겨 줬다. 그 이후로 시간이 경과하며 나의 관심사는 펑크에서 힙합으로, 댄스 음악과 알앤비로, 그리고 주류 팝으로, 컨트리 음악 등으로 확대됐다. 펑크 록은 내게 어떤 곳에서든 그러한 저항 의식을 느낄 수 있어야 하며, 때로는 일부러라도 찾아내야 한다고 가르쳤다. 그래서 나는 투 라이브 크루와 같은 음악인들의 입장을 지지하는 편이다. 그러나 투 라이브 크루의 음악은 정부 기관들이나 기업 임원들이나 지역 활동가들에게나 모두 '정도를 벗어난 것'으로 간주된다. 하지만 나는 분란을 일으키고 사람들을 불편하게 만드는 음악에 더욱 끌리는 편이다.

음악을 듣는다는 건 사회적인 경험이다. 그리고 사회에 가장 크게 영향을 미치는 음악들은 적어도 처음에는 반사회적인 것으로 간주되는 경우가 많다. 그러나 만약 수많은 사려 깊은 사람들이 투 라이브 크루의 음악이 상당히 유해한 것이라고 생각했다면, 그 판단이 틀린 것만은 아니다. 이 그룹은 아프리카계 미국인들의 오래된 길모퉁이 음악의 전통을 따르고 있었다. 앨범의 가사는 의도적으로 추잡하게 만들었는데, 어떤 의미에서는 변명의 여지가 없을 정도다. 투 라이브 크루를 옹호하는 사람들은 그들이 주변 세계의 추잡함을 고발하려 했다고 주장하지만, 나는 멤버들이 이렇게 상스러운 언어를 사용한 목적이 사회 풍자라고는 생각하지 않는다. 그들은 그저 즐겁고

재밌는 음악을 만들려던 것뿐이다. 그러니 투 라이브 크루의 음악이 재미없다거나, 그들의 노랫말을 들으면 화가 난다거나 무섭다는 반응도 충분히 이해할 수 있다.

하지만 힙합은 기본적으로 흑인들의 음악이기 때문에, 수많은 흑인들은 힙합을 그냥 싫어해서는 안 된다는 일종의 의무감을 갖고 있다. 그들은 힙합을 제대로 들어 봐야 한다고 생각하며 그걸 거부해선 안 된다고 느낀다. 그렇지 않으면 아프리카계 미국인들의 문화 자체를 거부하는 것이라고 여긴다.

1994년에 트리샤 로즈(Tricia Rose)는 힙합에 대한 최초의 학술 연구 서적 가운데 하나인《블랙 노이즈, 현대 미국의 랩 음악 및 흑인 문화(Black Noise: Rap Music and Black Culture in Contemporary America)》라는 책을 출간했다. 이 책은 힙합을 오직 찬양하기만 하는 기념 서적이 아니다. 로즈는 이 책의 서두에서 스스로를 "친-흑인, 혼혈, 전(前) 노동 계층, 뉴욕 거주 페미니스트, 좌파 문화 비평가"라고 밝힌다. 그는 자기와 같은 정치적 성향, 문화적 취향을 가진 사람들에게는 힙합이 신뢰할 수 없는 우군이라는 사실을 정확히 인지하고 있다. 그가 찬사를 보내는 음악들은 부기 다운 프로덕션스(Boogie Down Productions)가 폭력적인 경찰력을 소리 높여 고발하는 '누가 우리를 당신들로부터 지켜 주나(Who Protects Us from You?)'처럼 흑인들의 정치적 저항 의식을 표출하는 곡들이다. 그러면서 로즈는 흑인 음악 내에 "성차별이 만연하다"고 성토하며, 여성 래퍼들에게도 면죄부가 없음을 지적한다. 이를테면 여성 래퍼들이 남성들을 두고 "동성애자일 가능성이 있다고 암시하며" 깎아내릴 때, 그들 역시 "이성애적인 남성성이라는 절대적 기준"에 동의하고 있다는 것이다.

트리샤 로즈는 2008년에《힙합 전쟁, 우리가 힙합에 대해서

말할 때 이야기하는 것과 그것이 중요한 이유(The Hip Hop Wars: What We Talk About When We Talk About Hip Hop – and Why It Matters)》라는 또 한 권의 책을 출간했다. 그는 힙합이 "심각하게 병들었다"고 표현했다. 그 이유는 그들이 "미국의 인종차별주의자들과 성차별주의자들의 공통분모라고 할 수 있는 저속한 욕망에 영합하느라" 지나치게 많은 시간과 에너지를 소모하고 있기 때문이었다. 그러나 로즈는 이 책 전반에 걸쳐서 자신이 논의하는 것이 주로 상업적인 힙합이라고 조심스레 말한다. 상업적인 힙합이 이 장르를 지배하고 있기는 하지만, 그것이 힙합의 전부는 아니다. 그는 독자들이 비록 인기는 덜하지만 현실과는 밀접한 또 다른 분야에 주의를 기울이라고 당부하며, 그것을 "사회적 의식을 가진" 또는 "진보적인" 힙합이라고 부른다. 로즈는 미디어와 음악 산업을 장악한 "강력한 기업들의 이해관계"가 미치지 않는 언더그라운드(underground)에서 이 분야의 최고이자 아마도 마지막 희망일 수도 있었던 일군의 래퍼들이 나타났었다고 말한다. 그들은 이른바 "깡패-포주-창녀(gangsta-pimp-ho)의 삼위일체"를 뒤로 하고, 정치적 의식을 가진 깊이 있는 음악을 만들었다.

그러나 로즈는 "사회적 의식을 가진" 힙합을 높이 평가하면서도 그러한 용어를 사용하는 것에 대해서는 약간 주저하고 있다. 왜냐하면 그런 음악들이 많은 래퍼들에게 도움이 되지 않는 방식으로 힙합 씬을 나눠 놓았기 때문이다. 로즈는 "어떤 래퍼가 '사회적 의식을 가졌다'는 이야기를 듣는 건 상업적으로는 거의 사망 선고나 다름없었다"고 말한다. 그런 표식이 붙으면 사람들은 그 노래의 가사에 선명한 메시지가 들어 있을 거라고 생각했고, 아마도 유머 감각이라고는 전혀 없을 거라고 예상했기 때문이다. "이처럼 의식성이라는 관점에서 진지하게 바라보면, 갱스터(gangsta) 랩은 그저 즐거움만 추구하는 것으로 보인다"고 저자는 말한다.

'사회적 의식'이라는 건 오래된 표현이다. 이것은 세상을 바꾸고 싶어 하는 사람들을, 또는 적어도 바꿀 생각을 하고 있는 사람들을 지칭하고자 지난 수십 년 동안 사용돼 온 표현이다. 80년대의 힙합에서 '사회적 의식'이라는 건 소위 '메시지'를 띤 음반을 의미했다. 대표적인 사례는 바로 그랜드마스터 플래시 앤 더 퓨리어스 파이브(Grandmaster Flash and the Furious Five)의 〈더 메시지(The Message)〉라는 앨범이다. 이러한 용어는 퍼블릭 에너미에게도 잘 어울렸다. 그들은 새로우면서도 정치적으로 더욱 전투적인 힙합의 시대를 열어젖혔기 때문이다.

그러나 스파이크 리 감독이 브루클린에서 사람들이 행진하는 장면을 담은 '권력에 맞서 싸워라'의 뮤직비디오 촬영 후 한 달이 지났을 즈음, 퍼블릭 에너미에서 랩을 하지 않는 멤버인 프로페서 그리프(Professor Griff)가 《워싱턴타임스(Washington Times)》와의 인터뷰에서 유대인들은 "지구 전역에서 벌어지는 사악한 일들의 대부분"에 책임이 있으며, 자신은 그들이 보내는 "호모 암살자들 따위"는 전혀 두렵지 않다고 말했다. 이러한 발언은 유대인 관련 단체들을 비롯한 많은 이들로부터 격렬한 반발을 불러일으켰으며, 그해 여름 '권력에 맞서 싸워라'의 뮤직비디오가 공개되자 커다란 혼란이 일었다.

퍼블릭 에너미는 해체했으나 재결성의 기미를 보였고, 결국 쫓겨났던 프로페서 그리프가 다시 영입됐다. 척 디는 사과를 했지만 프로페서 그리프는 사과하지 않았다. 이러한 논란과 그에 대한 척 디의 모호한 대응으로, 이들이 두려움을 모르는 명민한 혁명가들이라는 인식은 약해졌다. 어쩌면 그보다 더욱 중요한 사실은 힙합 팬들이 좀 더 새로운 그룹들과 더욱 새로운 이야기들에 끌리게 됐다는 점일 것이다. 이후에도 퍼블릭 에너미는 많은 앨범을 발표했고 때로는 더 크게 히트를 치기도 했지만, 브루클린의 거리를 행진하면서 보편적인 혁명의 메시지를 외치던 그 시절의 봄날만큼 다시 주목을 받거나 영향력을 발휘하는 일은 없었다.

©사진: Anna Krajec

갱!

이것이 바로 정치적인 힙합이 가진 한 가지 문제점이다. 래퍼들이 언제나 반드시 정치적으로 올바르지만은 않다는 것이다. 갱스터 랩의 대표 아티스트인 아이스 큐브(Ice Cube)는 1992년에 로스앤젤레스에서 벌어진 시위와 폭동에서 일종의 대변인 역할을 했다. 그의 격렬한 라임(rhyme)은 마치 저녁 뉴스의 보도 같았다. 그런데 그가 1991년에 발표한 앨범 〈사망진단서(Death Certificate)〉에는 동양인 가게 주인들에 대한 위협을 비롯해 정치적인 구호라고 옹호하기가 거의 불가능한 내용들이 다수 포함돼 있었다. 아이스 큐브를 옹호하는 입장에서 가장 그럴듯한 주장은 그의 작품이 본질적으로 미학적인 것이지 정치적인 것은 아니라는 설명이다. 즉, 그는 사람들의 마음을 사로잡는 래퍼로서 자신이 왜 그렇게 느꼈는지,

그리고 다른 사람들도 그렇게 느꼈다면 왜 그랬는지 사람들을 보다 쉽게 이해시키기 위해서 음악을 만든다는 것이다.

그런데 힙합의 행동주의를 보여 주는 당대의 가장 대표적인 사례들 가운데 하나라고 할 수 있는 〈자기파괴(Self Destruction)〉라는 싱글 앨범은 그보다 논란이 훨씬 적었다. 이 노래는 1989년 케이알에스-원(KRS-One)의 주도하에 퍼블릭 에너미와 엠씨 라이트(MC Lyte) 등을 비롯한 최고의 래퍼들이 결성한 '폭력 중단 운동(Stop the Violence Movement)'이라는 그룹의 이름으로 발표됐다. 이들이 이 단체를 결성한 목적은 흑인 인권 단체인 내셔널어반리그(National Urban League)의 설립 자금을 조성하고, '흑인이 흑인에게 저지르는 범죄'의 원인과 피해에 대한 대중적인 관심을 끌어모으기 위한 것이었다. 이는 자선 행동이자 저항 운동이었으며 격려 연설이었다. KRS-One은 어느 긴 영상에 출연해 이 프로젝트가 단지 폭력에 맞서 싸우는 데 도움이 될 뿐만 아니라 힙합 그 자체를 변화시킬 수 있기를 바란다는 자신의 희망을 피력하기도 했다. "저는 부기 다운 프로덕션스, 폭력 중단 운동, 퍼블릭 에너미와 같은 움직임들이 랩 음악을 말 그대로 '구원했다'고 생각합니다. 만약 랩이 자기중심적이며 성차별적인 태도를 계속 유지했다면, 지금은 아예 죽어 버렸을 수도 있습니다."

'힙합을 구원하기 위한 힙합의 행동주의'라는 발상이 다분히 순환 논리인 것처럼 들리지만, 어쨌든 힙합의 구원이라는 생각은 점점 더 강박 관념 같은 것이 됐다. 그런데 1990년대로 접어들면서 소위 갱스터 랩이 전성기를 누리기 시작했다. 예를 들자면 그전까지는 잘 알려지지 않았던 캘리포니아 출신의 쿨리오(Coolio)라는 래퍼가 갱스터 랩의 사운드와 스타일을 사용하여 1994년부터 '환상적인 여정(Fantastic Voyage)'이나 '갱스터의 천국(Gangsta's Paradise)'과 같은 당대 최고의 히트곡들을 연달아 발표하면서 유명세를 얻었다. 이러한 현실은 힙합이라는 장르에서 성공의 의미를 돌이켜 보게 만들었다.

그리고 갱스터 랩과 팝이 뒤섞이기 시작했는데, 이는 둘 가운데 어느 쪽도 아닌 수많은 래퍼들에게 문제가 됐다. 그들은 설 자리를 잃었고 힙합이 새롭게 장악하기 시작한 라디오 방송국들에서도 환영받지 못했다. 한때 "데이지 에이지(Daisy Age)"에 대한 재치 있는 라임으로 유명했던 드 라 소울(De La Soul)은 1996년에 흑백 커버로 장식된 〈위기고조(Stakes Is High)〉라는 다소 심각한 분위기의 앨범을 발표했다. 이 앨범의 타이틀 트랙에서 데이브(Dave)라는 이름의 래퍼는 대부분의 현대 힙합이 지루하며 해롭다고 주장했다. "엉터리 트랙을 듣는 알앤비 겁쟁이들이 지겨워 / 코카인과 크랙(crack)이 / 흑인들을 병들게 만들어 / 부푼 머리를 한 래퍼들이 지겨워 / 그들의 랩도 역겨워 / 권총의 총알이 / 병든 세상 전체를 무너뜨리고 있어."

그러면서 사회적 의식을 가졌거나 '의식 있는' 힙합이라는 개념은 주류에 반대되는 것이라고 규정하는 사례가 점점 더 많아졌다. 1970년대의 아웃로 컨트리(outlaw country) 운동과 마찬가지로, 1990년대의 의식 있는 힙합 운동은 보수적인 동시에 진보적이었다. 그들에겐 그루브(groove)가 있었고, 반(反)문화적 정신이 있었으며, 거기에 더해서 자신들의 힙합은 예전의 방식과는 다르다는 굳건한 확신이 있었다. 시카고 출신의 래퍼인 커먼(Common)이 1994년에 발표한 트랙 '나는 그녀를 사랑하곤 했다(I Used to Love H.E.R.)'는 이러한 새로운 감성에 더욱 활기를 불어넣었다. 커먼은 이 노래에서 방황하다 할리우드로 떠나 버린 여성에 빗대 힙합을 묘사하고 있다. "그녀는 자기가 얼마나 격렬하며 진짜인지 강조하지만 / 그녀가 정말로 가장 진짜였던 때는 쇼 비즈니스로 떠나기 전이었다"며,

"그녀를 되찾아 오겠다"고 맹세한다. 또 주류 힙합의 폭력적이며
성적인 이미지를 비판하다 보니, 이러한 개혁주의자들이 남성성의
과시나 성별 고정 관념에 반대하는 것처럼 들리기도 한다.

　　혁명적인 성향이 뚜렷한 데드 프레즈(Dead Prez)는 1999년에
음악을 신랄하게 비판하는 '힙합(Hip Hop)'이라는 심플한 제목의
트랙을 발표하며 히트를 쳤다. 데이 라 소울과 마찬가지로 데드
프레즈도, 대중적이지만 위협적이지는 않으며 어쩐지 조금은
'여성스러워진' 알앤비 음악이 힙합의 가장 불순한 측면을 대표한다고
주장했다. "나는 하루 종일 라디오에서 흘러나오는 거짓 깡패들의
알앤비 랩 이야기가 지겹다." 갱스터 랩과 마찬가지로 이들 개혁가들도
진정성을 유지해야 한다고 공언했지만, 실제로 가사를 쓸 때는 그러한
원칙이 상당히 모호해지곤 했다.

　　필라델피아에서 결성된 더 루츠(The Roots)라는 그룹의 블랙
쏘트(Black Thought)는 가차 없이 평가했다. "진정한 힙합의 원칙은
버림받았다 / 이제는 그저 계약을 하고 돈을 버는 것만 남았다." 그에게
동의하는 이들은 힙합이 진지하게 받아들여지기를 원했으며, 힙합 그
자체도 역시 진지해지기를 원했다. 어떤 이들은 자신이 만든 라임에
빼곡하게 들어찬 노랫말과 지적인 감수성에 대해서 스스로 자랑스러워
하기도 했다. 블랙 쏘트는 스스로를 래퍼보다는 엠씨(MC)라고 불리는
걸 선호하는 이들 가운데 하나였다. 그 표현이 자신의 예술을 진지하게
대하는 탐구자이자 실천가처럼 보이게 만들어 주면서 파렴치한
사기꾼의 느낌은 덜어 줬기 때문이다. 1996년에 《바이브(Vibe)》지와의
인터뷰에서 그는 이렇게 말했다. "제 생각에 래퍼란 사업적
측면에서라면 몰라도 이 문화의 역사에 대한 지식은 없는 사람인 것
같습니다."

　　더 루츠가 특이했던 이유는 그들이 퀘스트러브(Questlove)라는

드럼의 거장이 이끄는 라이브 밴드였기 때문이다. 그리고 그들은 사람들에게 힙합이 광범위한 흑인 음악 전통의 일부라는 사실을 알려 주고자 했다. (그들은 2장의 앨범에서 재즈 가수인 카산드라 윌슨(Cassandra Wilson)과 협업한 곡을 실었다.) '진정한 힙합'에 전념해야 한다는 이들과 기존의 힙합을 벗어나야 한다는 주장 사이에는 팽팽한 긴장감이 흐르고 있었다. 사실 힙합에 대한 이런 상반된 감정은 '의식 있는' 래퍼들과 그 반대에 있는 갱스터 랩 진영의 아티스트들이 모두 공유하고 있는 것이었다.

뉴욕에서는 푸지스(Fugees)라는 그룹 출신의 로린 힐(Lauryn Hill)이 "온갖 잘못된 사안들에 대해서" 랩을 하는 가식 덩어리들로부터 힙합을 지켜내기 위해 애쓰고 있었는데, 그러면서 동시에 그녀는 자신이 단순한 랩 이상의 무언가를 할 수 있다고 분명히 밝히고 있었다. 이를 입증하기라도 하듯, 푸지스는 로버타 플랙(Roberta Flack)이 1973년에 발표한 버전의 '그의 노래가 나를 부드럽게 죽이고 있어요(Killing Me Softly with His Song)'를 리메이크해서 대히트를 시켰다. 여기에서 로린 힐은 강렬한 힙합 비트 위에서 아름답게 노래를 부르고 있는데, 가끔씩 푸지스의 멤버들이 그녀를 응원하기 위해 중얼거리는 부분은 있지만 정확히 랩이라고 부를 만한 요소는 등장하지 않는다.

로린 힐은 1998년에 〈로린 힐의 잘못된 교육(The Miseducation of Lauryn Hill)〉이라는 앨범을 발표하며 솔로로 데뷔했는데, 이는 의식 있는 힙합 운동이 최고의 절정에 달하는 순간이었다. 여기에서 반쯤 쉰 목소리로 랩과 노래를 했던 로린 힐은 거친 라임과 발라드 사이의 경계를 지워 버리며 70년대의 소울과 감미로움이 고스란히 담긴 힙합 앨범을 만들어 냈다.

©사진: Kevork Djansezian

무엇이 진정한 힙합인가

나도 물론 이런 종류의 많은 음반들을 좋아했고 심지어 사랑하기도
했지만, 나 자신이 '의식 있는' 혹은 '진보적인' 힙합의 편에 있다고는
생각하지 않았단 사실을 고백해야겠다. 컨트리나 알앤비를 개혁하고자
했던 다른 유사한 운동들과 마찬가지로, 힙합을 개혁하려는 운동은 이
장르가 어딘가 잘못된 방향으로 가고 있다는 생각에서 출발한 것이다.
그러나 내게 힙합은 특별히 잘못된 지점이 있는지가 분명하지 않다.
고상한 마음가짐을 주입해서 고쳐 낼 수 있을 만한 문제점 같은 건
없어 보였다. 나는 문학 작품을 인용하거나 복잡한 단어를 사용했다는
사실에 대해서 굳이 찬사를 보내야 한다거나, 살인이나 섹스에 대한
노랫말보다 정치나 인종 차별에 대한 노랫말이 덜 진부하며 더욱
기억할 만하다고 생각하지 않았다.
　　일부 힙합 뮤지션과 팬들은 재즈를 부러워하는 것처럼 보이기도
했다. 재즈는 한때 저급한 장르였지만 20세기 후반을 거치며 미국의
고전 음악으로서 명성이 높아졌다. 이제는 미국의 고품격 예술 유산을
수호하는 수많은 비영리 단체들의 보살핌을 받고 있다. 하지만 나는

재즈의 그러한 지위를 질투하지 않아도 된다고 생각했다. 오히려 나는 힙합이 그 특유의 천박함과 고상하지 못하다는 대중적인 인식으로 인해 제도권에 편입되지 않고 보존된 것이 다행이라고 생각했다. 그래서 나는 그들이 '리스펙트'를 얻어 내려는 징후를 발견할 때마다 신경이 쓰일 수밖에 없었다. 예를 들어서 린-마누엘 미란다(Lin-Manuel Miranda)가 미국의 역사를 힙합으로 풀어낸 〈해밀턴(Hamilton)〉이라는 뮤지컬 작품으로 브로드웨이를 완전히 사로잡았을 때나, 커먼이 백악관의 초청을 받아 공연했을 때나, 켄드릭 라마(Kendrick Lamar)가 그래미상뿐만이 아니라 클래식 음악이나 재즈가 아닌 다른 분야에서는 처음으로 퓰리처상 음악 부문의 수상자가 됐을 때가 그랬다.

공교롭게도 현대 힙합에서 가장 유명한 인물 가운데 한 명은 가장 당황스러운 사람들 가운데 하나이기도 하다. 바로 칸예 웨스트(Kanye West)다. 이미 힙합 분야에서 가장 저명한 프로듀서 가운데 한 명이었던 그는 어느 순간부터 특이하지만 매력적인 래퍼로서의 본색을 드러냈다. 제이지(Jay-Z)를 비롯한 많은 아티스트의 프로듀서였던 그는 고전 소울의 한 부분을 떼 와서 그것을 빠른 비트로 바꾼 뒤, 익숙하지만 원곡과는 살짝 다른 트랙을 만들어 내는 걸로 유명했다. 래퍼로서의 그는 의식 있는 힙합에 동조하는 편이었지만, 그 자신이 가진 모순과 위선 역시 날카롭게 인식하고 있었다. 2004년에 발표한 첫 번째 앨범에서 칸예 웨스트는 로린 힐의 노래 가운데 한 부분을 가져와서 사회적 의식이 아닌 '자의식'에 대한 노래를 만들었다. 그는 처음으로 받게 된 많은 급여를 보석에 탕진하고, 과시적인 소비를 비판하면서도 거기에 몰두한다는 자백으로 랩을 했다. 어쩌면 자랑이었을지도 모른다. "난 돈이 생기기도 전에 써버리는 게 문제야 / 우리 모두는 자의식을 갖고 있어, 내가 그걸 처음으로 인정할 뿐이야."

칸예 웨스트의 음악에 영향을 준 스스로의 모순과 위선은 그가 활동을 하면 할수록 더욱 커질 뿐이었다. 미래를 연상시키는 일렉트로닉 사운드의 음악을 만들고 예상치 못했던 컬래버레이션을 성사시키면서 그는 '자의식'을 가진 괴짜에서, 힙합 씬에서 아마도 가장 중요한 인물로 성장했다. 패션 분야에서도 또 하나의 성공적인 커리어를 시작하며 그는 쇼핑에 대한 개인적인 집착을 화려하면서도 영향력 있는 브랜드로 승화시켰다. 킴 카다시안(Kim Kardashian)과 결혼하며 (지금은 이혼했지만) 단지 존경받는 뮤지션뿐 아니라 지구상에서 가장 커다란 관심을 받는 인물들 가운데 하나가 됐다. 그는 부시를 비판했고 오바마에게선 비판을 받았으며, 트럼프를 칭송하고 2020년 대통령 선거에는 직접 후보로 출마하기도 했다. 그리고 이런 모든 과정에서 자신의 정치 철학을 조금씩 가다듬으면서 자신에 대한 평판을 구축하고 산산이 부쉈다가 다시 만들어 냈다. 그리고 2019년에는 〈예수는 왕(Jesus Is King)〉이라는 제목의 조금 산만하지만 동시에 강력한 가스펠(gospel) 앨범을 발표하면서, 그는 미국의 음악 역사상 가장 위엄 있는 전통 가운데 하나인 가스펠에 대한 충성을 선언했다.

　　'의식 있는' 힙합이라는 관념에 있어서 좌절스러운 것은, '의식 있는'이라는 표현이 문화 및 이념의 영향력 내에서도 지극히 협소한 범위를 가리키는 경우가 아주 많다는 사실이다. 특히 흑인들의 고통과 힘을 기록한, 의심할 여지 없이 위대한 70년대의 소울 음악에 한정돼 있다. 그런 이유로 나는 가끔씩 내가 좋아하는 래퍼들이 '무의식적인' 힙합을 만든다고 생각할 때가 있다. 책임감 있기보다는 무모한, 논리적이기보다는 꿈꾸는 듯한, 분명하기보다는 은근한 음악을 말이다.

　　'의식 있는' 힙합이라는 것이 성립한다면, 사실 서구의 불안정하고 예측할 수 없으며 자극적인 대부분의 음악이 모두 그

정의에 들어맞을 것이다. 칸예 웨스트는 가끔씩 서로 공존할 수 없는 힙합의 모든 성향을 자기 자신 안에서 화해시키려는 것처럼 보인다. 그러면서 그는 파티의 주인에서부터 대중 선동가, 안티 히어로(antihero)에 이르기까지 다양한 역할을 오가며 자신을 비평하는 많은 사람과 맞서 싸운다. 그는 자신의 천재성을 굳게 믿지만, 여전히 비판에 매우 취약해질 수 있다. 그는 정신 질환과 싸우면서 혼자만의 시간이 필요한 상황에서도 관심을 구한다.

칸예 웨스트는 끊임없이 미국에 사는 흑인 남성이라는 자신의 정체성을 이 나라에 급진적인 변화가, 어쩌면 혁명적인 변화가 필요하다는 자신의 확신으로 연결한다. 설령 그러한 변화가 뭘 의미하는지 분명하게 설명하지 못한다 하더라도 말이다. 그는 최근에 이렇게 노래했다. "내 마음은 우리를 성층권 너머로 끌고 갈 수 있어 / 우리를 여기에 데려다 놓은 그 마음은 여전해." 이보다 더 사회적으로 '의식 있는' 것이 있을까? ♥

©사진: Anna Krajec

이 글은 켈레파 사네(Kelefa Sanneh)가 2021년 10월 7일에 출간한 《메이저 레이블, 일곱 가지 장르로 살펴보는 대중음악의 역사(Major labels: A history of popular music in seven genres)》의 내용을 발췌한 것이다.

시끌북적 사무실

(1)이연대 CEO : 저는 보호수입니다.

(2)조영난 오퍼레이팅 매니저 : 너의 몸을 흔들어 너의 마음을 움직여~

(3)이다혜 에디터 : 저의 마음을 담아 노래를 들려 드릴게요 ~ 찡가링가링

(4)홍성주 커뮤니티 매니저 : 점심 먹고 여기서 종종 팀원들과 산책하는 즐거움이 있어요!

(5)이주연 인턴 : 가을에는 소풍 가고 싶어요~

(6)이현구 선임 에디터 : Can you hear me, Major Tom?

(7)김혜림 에디터 : 쓸쓸한 영화를 보면 마음이 훠엉~

(8)김지연 리드 디자이너 : 햇빛 조아! 주말엔 햇살 맛집 카페에 갈 거예요!

(9)신아람 디렉터 : Wake me up when September ends

(10)권순문 디자이너 : 감미로운 노래 들으며 나를 한 모금 마셔봐~

(11)정원진 에디터 : 여긴 어디일까요? 인스타DM 보내 주세요! 힌트 : 톡스 #201

소통(?)은 어려워

성주씨 잠깐
라운지에서 봅시다

넵!!

네네!

성주씨? 회의실에서..

대표님이 소통에 진심인 회사..
일은 어렵지만 배우는 재미가 있다.

성주씨

저.. 석 달 동안 성주씨랑 제일 많이
말했어요..

엥? 미팅 포함해서요?

피곤

평소에 말을 잘 안해서..

INTJ

말을 많이 하면
입이 아프네요.

저.. 제가 빨리
배울게요.

ENTP

소통(물리) 힘드시구나.

수상하지 않아YUN

안녕, 우리는 YUN..
아이웨어를 혁신하고 있죠.

두

둥

헐 저 여기 한남동 매장에서
안경샀는데!!!! #올인원프라이스
#안경테렌즈포함 #심플한가격정책

순문님이
해시태그로
말하기 시작했어!

그는 인플루언서라 트렌드는 못 참거든

#베를린
#디자이너브랜드
#인스토어프로덕션

고래
고래

YUN ..
꽤나 트렌디한데?

전문 안경사의 도움을 받아
매장에서 시력검사하고 구매하세요.

렌즈만
안경이네!

전 이제
폼으로
살래요

한 달 동안만 온/오프라인에서
THREAD15 라고 하면 **15%할인** >_<

무료로 기른 앙고를 만들어 드립니다. 신청하기 >> thread@bookjournalism.com

∧

THREAD

너! 동료가 되어라!

단체 구독

개인 구독

읽으면 똑똑해지는 종이 뉴스 잡지를 동료와 함께 읽어 보세요.
기업, 학교, 팀 단위로 단체 구매를 하면 최대 67% 할인 혜택을 드려요.

…력이 새로운 관점과 만날 때 혁신이 일어납니다. 동료들과 같은 책을 읽고
…업무에 곧바로 적용할 만한 아이디어가 떠오르기도 하고, 잘 모르던 분야의
… 고민하던 문제의 해법을 발견하기도 합니다. 좋은 지식 콘텐츠는 개인의
…해결을 돕습니다. 깊이와 시의성을 두루 갖춘 지식정보 콘텐츠로 팀의 업무
…를 향상시켜 보세요.